LES ETRANGES CRIMES DU PLATEAU DE LA VIADENE

Gilbert Trichet

Remerciements à :

Michel Ponceau,

A Gil Bargy,

A Françoise Lemret,

Pour leurs aides précieuses et complémentaires.

Du même auteur sur Amazon livres :

1/ L'ILLUSION D'UN REVE (Roman)

2/ CONFIDENCES ET CONFESSIONS D'UNE FEMME (Roman)

3/ MON MOIS DE MAI 68 (Roman)

4/CRIME SANS CHATIMENT (Roman)

5/ PRISONNIER (Roman)

6/ LES ETRANGES CRIMES DU PLATEAU DE LA VIADENE (Roman)

7/ LA DROLE DE VIE D'ANDRE RIGAL, DIT « DEDE » (Roman)

8/ LA VIE CACHEE DE « Dédé » (Roman)

9/ L'APPRENTISSAGE DE STEVE (Roman)

10/ L'ALLEMAND QUI AURAIT VOULU ETRE FRANÇAIS (Roman)

11/ UNE HISTOIRE D'AMOUR ET D'AMITIE. SOUVENIRS D'ALGERIE. (Roman)

12/ LE MYSTERE DU TABLEAU DE LA FEMME ET L'ENFANT. MON PERE ET LA DEUXIEME D.B.

13/ LE TREIZIEME ROMAN N'EST PAS AUTOBIOGRAPHIQUE

COMMENT RESTER EN BONNE SANTE (Précis de médecine préventive)

Retrouvez les poèmes et chansons de l'auteur sur les plateformes musicales : YouTube, Amazon Music, Apple Music, Spotify, Deezer etc.

LE MARIAGE

Ce fut une belle journée. Le père Guidicelli était satisfait. Il jeta un dernier regard sur le couple de jeunes mariés qui dansaient un rock endiablé au milieu de la jeunesse du canton dans la grande salle du château de Beauregard. Vraiment, c'était un beau couple ! Avec une belle-fille aussi jolie, aussi grande, avec des hanches aussi larges, la pérennité de la famille Guidicelli était assurée. L'avenir de ce couple aussi. En ajoutant les cent hectares de bonnes pâtures des Paulhac au grand domaine du château de Beauregard, son fils, Fernando, serait le propriétaire le mieux doté du Haut Rouergue. Après les malheurs de la guerre, l'avenir lui parut particulièrement radieux.

Il était près de minuit. Mario Guidicelli, un peu las, éprouva le besoin de se reposer. Il monta l'escalier monumental qui desservait l'étage. Une mezzanine permettait de dominer la grande salle voûtée. Il s'assit dans la pénombre, seul, comme pour mieux savourer son bonheur. De là-haut il pouvait observer les couples qui dansaient, les uns enlacés, déjà unis par le mariage, d'autres plus distants et se cherchant. Dans sa tête, il pronostiquait les alliances futures.

Il était heureux, le père Guidicelli. Cependant, une ombre insistante passa. Elle obscurcit soudain son bonheur. Une grande absente s'imposait à son esprit ; Elle lui manquait : Clara, sa fille ! Sa Clara ! Celle que tous les garçons du canton appelaient « la belle cavalière » ! C'est vrai qu'elle était très belle quand elle galopait sur sa jument Elisabeth, sa chevelure brune flottant dans le vent derrière elle !

Les maquisards avaient osé la tuer un soir d'octobre 1943 ! Et pourquoi ? Par quelle injustice du sort ? Il ne l'avait jamais admis… Au grand jamais, quelles qu'en soient les raisons, il ne pourrait l'accepter… Certes, elle avait eu tort de s'amouracher de cet officier SS. Il le lui avait reproché plusieurs fois avec véhémence. Mais cette fille, dotée de toutes les qualités, avait, hélas, un grand défaut. Celui d'être entêtée et de n'écouter aucun conseil, surtout ceux venant de son père. En dépit de ses mises en garde, elle se rendait à son rendez-vous presque tous les soirs… Il n'avait jamais su à quel endroit… Mais on lui avait rapporté que c'était… au loin, là-bas… près du barrage hydroélectrique du lac de Sarrans… à l'endroit même où la gestapo avait établi un arrêt pour contrôler les passages entre la Viadène et le Carladez….

Peut-on tuer une belle jeune femme, promise à un avenir des plus radieux, parce qu'elle était tombée amoureuse d'un ennemi ?

Tout être doué d'un peu de raison vous répondrait : Non ! Mais était-on raisonnable en ces époques troubles de guerre et de tueries ?

Il l'avait découverte morte, un mois plus tard. Son cadavre était raidi par le gel au fond du ravin de Benaven. Cette image était ancrée à jamais dans son esprit. Chaque jour, elle s'imposait, à jamais obsédante. En embrassant le front glacé de sa défunte fille, il s'était promis de la venger. A demi fou, il cria sa rage au ciel : « Je tuerai les infâmes salauds qui ont osé ! Je te vengerai, ma Clara, dussé-je passer la fin de mes jours en prison ! » Il l'avait juré devant son ami Jérôme Calmels qui avait découvert le corps de l'infortunée tout simplement en cherchant des champignons… Il l'avait crié, prenant le ciel à témoin, encore agenouillé près du cadavre de sa fille et l'écho de sa voix avait résonné trois fois dans le fond de l'abîme…

Le temps qui à la longue efface tout, s'était écoulé… Certes douloureux, avec cette peine immense qui lui rongeait l'âme chaque jour davantage sans parler de cette soif de vengeance… sans cesse grandissante jusqu'à l'obsession...

La vie suivait son cours… Il fallait continuer d'avancer en préparant l'avenir quels que soient les contentieux du passé ! Justement, ce soir du vingt juin 1946 était un grand soir de bonheur. Il pourrait bientôt confier le domaine à son fils Fernando qui avait maintenant vingt-six ans et qui chaque jour prenait les affaires en mains, et de mieux en mieux. Il le sentait impatient d'être le patron et c'était bien ! Encore quelques années, et il pourrait se retirer.

Depuis qu'il s'était engagé à la ferme de Beauregard comme vacher, en 1920, lui, l'émigré italien avait bien travaillé. Il avait épousé la fille de la maison, Marguerite, et quand le père Domergue décéda en 1926, il devint le patron du domaine. Il s'attacha à l'agrandir, année après année, en acquérant une pâture par-ci, une ferme par-là, comme celle du Quié, et surtout - il en était fier - une montagne sur l'Aubrac évaluée à cent hectares - pour l'estive de son troupeau de vaches et de veaux de race « Aubrac. »

Quel parcours ! Comme il avait bien su mener sa barque ! Le mariage de son fils avec Martine Paulhac était comme le summum… l'apogée du succès d'un paysan, châtelain par hasard, parce que le destin avait voulu planter un « castelou » au milieu de ses terres...

Une ombre persistait au tableau de son admirable réussite. La promesse solennelle qu'il avait faite devant le cadavre de sa fille, était restée lettre morte… Était-il un couard, un poltron, un lâche ?

Certes, non. Il n'avait jamais manqué de courage. Affronter l'adversité d'où qu'elle vienne était sa passion, le moteur de sa vie. Partir de rien, d'une condition d'émigré arrivant avec pour seule fortune son maigre baluchon sur le dos, et devenir en un peu plus d'un quart de siècle un des plus riches paysans de la contrée ! Puis assurer d'un seul trait la prospérité aux générations futures, celles des Guidicelli par une belle alliance avec une famille du pays, propriétaire d'un beau domaine ! Quel destin miraculeux ! Il n'en remercierait jamais assez sa bonne étoile ou le Dieu du ciel qui, dit-on, règne sur toute chose !

Quand, presque quotidiennement, il se rendait sur la tombe de sa fille, il se rappelait sa promesse. Il songeait ; il lui parlait. Dans son recueillement, presque un demi-délire, il la croyait assis à côté de Dieu, entre Dieu et la Vierge Marie. Il lui demandait son avis et en revenait apaisé. « Se venger n'est pas chrétien ! Rappelle-toi les paroles de l'Evangile ! » semblait-elle lui conseiller. Pourrait-il enfreindre l'avis surnaturel d'une Sainte ?

Ce soir-là, vingt juin 1946, jour des noces de son fils, à l'apogée de sa vie, il prit la ferme résolution de savoir, d'au moins savoir, qui étaient les criminels - les « infâmes salauds » pensait-il - qui avaient osé tirer sur sa fille pour la tuer. Au moins savoir était son devoir. Savoir… sans pour cela se venger ! Les représailles viendraient après… ou ne viendraient pas… Non, elles ne viendraient pas ! Du fond de sa tombe, Clara saura-t-elle toujours retenir son bras justicier ? N'y avait-il pas plus de grandeur à pardonner qu'à se venger ? C'est la clémence qui grandit le juste et non la vengeance ! Le solide paysan du Rouergue qu'il était devenu, saurait calmer le bouillonnement de son sang piémontais…

D'abord, il devait identifier les coupables. Se repentaient-ils au moins de leur acte ? Le regrettaient-ils ? Ou le considéraient-ils toujours comme un acte patriotique ? Il ne pouvait plus vivre sans tirer cette affaire au clair. Il allait enquêter pour enlever et jeter au loin ce poids qui lui restait en permanence sur le cœur, cette obsession qui obscurcissait ses jours, le réveillait la nuit, obnubilait ses insomnies… Savoir… Identifier les coupables pour… au moins leur jeter la honte au front !

Sa résolution était prise.

Une ombre se glissa derrière lui. C'était sa femme…

- Tu es là ! Je te cherchais…
- Je prends un peu de repos…

Elle s'assit dans le second fauteuil disposé à côté.

- Très belle journée, certes épuisante sur le plan émotionnel !

- Oui ! Il n'y a qu'une grande absente… Elle me manquera toujours…
- Moi aussi ! J'y pense chaque jour, tu sais… Que peut-on faire ?
- Rien ! Ou alors… se venger pour en finir avec l'obsession d'un crime resté sans châtiment !
- Pour finir en prison ? Non, soit raisonnable et pense aux tiens sur qui l'opprobre retomberait !

Le père Guidicelli réfléchissait en regardant les couples danser. Qui était les maquisards de la forêt du « bout du monde » ? Le premier noyau avait été constitué par des réfractaires au Service Obligatoire du Travail (STO). Presque tous les jeunes hommes du canton s'y étaient regroupés sauf quelques-uns dont son fils Fernando qui était allé travailler en Bavière jusqu'à la libération. C'était au départ des maquisards, des gens qui se cachaient, des proscrits, plutôt que des résistants. Ce n'est que plus tard, quand ils furent pris en main par le réseau « Combat » qu'ils se fondirent aux F.F.I. Au fur et à mesure de la mise en place des persécutions de « Vichy » vis à vis des juifs étrangers puis français, puis des anarchistes et communistes espagnols qu'on disait « républicains », leur nombre gonfla jusqu'à atteindre la quarantaine. Il y avait parmi eux les fils Rigal, Marcel et Mathieu, qu'il avait longtemps employé comme garçons de ferme ou bergers. A la suite de leurs engagements dans la résistance, puis dans l'armée du général de Lattre de Tassigny, ils étaient devenus militaires de carrière et ne revenaient que rarement en permission. Il était certain qu'ils savaient. Oui, eux, ils savaient qui avait donné l'ordre de tuer Clara, pire, ils connaissaient les exécutants. S'il le fallait, il interrogerait, il irait voir chacun des quarante résistants, du moins ceux qui n'avaient pas été tués lors des escarmouches avec l'armée allemande. Cela prendrait du temps ! Il avait tout le reste de sa vie pour rassembler un à un les témoignages. Que diable ! Il n'avait que quarante-huit ans !

Il examinait chacun des couples, aussi bien ceux qui dansaient que ceux qui, regroupés autour du tonneau de rosé, buvaient un verre en rigolant. Soudain son attention fut attirée par Pierre Cazes, le fils du gérant du magasin Casino… Il était directeur de l'école des garçons de Saint Amans-des-Cots, marié à une certaine Françoise, elle aussi institutrice. On disait dans le pays qu'il avait été un des premiers organisateurs et même un des chefs du maquis du « bout du monde ». Connaissant sa probité, le père Guidicelli était certain qu'il ne pouvait avoir trempé de près ou de loin dans cet acte barbare. Il devait savoir quelque chose. Après une longue réflexion, il se persuada que Pierre Cazes lui livrerait quelques indices lui permettant de remonter jusqu'aux criminels…

LA VISITE A L'ECOLE DE SAINT-AMANS

Le jeudi matin suivant, quand il eut fini de distribuer les travaux incombant à chacun de ses employés, Mario Guidicelli, monta dans sa traction Citroën et descendit à Saint Amans-des-Cots.

Il stationna devant l'école. Il examina la haute façade. Tout était calme. Pierre Cazes buttait son champ de pommes de terre dans le jardin adjacent à l'école. Quand il entendit l'automobile, il se précipita à la rencontre de son visiteur.

- Monsieur Guidicelli ! Quel bon vent vous amène ?

- Je voulais vous voir pour éclaircir une affaire qui m'est resté sur le cœur... sans pour autant vous importuner !

- Dans ce cas, entrez quelques instants, nous serons mieux à l'intérieur !

Françoise, la femme de Pierre, se précipita :

- Bonjour, Monsieur Guidicelli ! Quelle belle noce que celle de votre fils avec Martine Paulhac !

- Deux familles, également éprouvées et endeuillées par la guerre, ont uni leurs destins pour le meilleur… Maintenant, la paix étant revenue, ce ne peut-être que le meilleur !

- Evidemment !

- Allons droit au but ! J'ai envie d'en savoir plus concernant l'assassinat de ma fille…

Le sang de Pierre ne fit qu'un tour. Entre toutes les questions, voilà celle qu'il redoutait le plus… Chaque jour, il s'efforçait d'oublier les évènements tragiques de la guerre et voilà qu'on lui remettait sur le tapis ce passé abhorré ! Par un beau matin de juillet ! Il savait bien que cet interrogatoire viendrait un jour… C'était aujourd'hui ! Il ne pouvait pas se dérober…Pour réfléchir un instant, il se leva pour prendre deux petits verres dans le buffet.

- Vous prendrez bien un petit verre de blanc… du pays d'Entraygues !

- Avec plaisir !

Pierre Cazes déboucha la bouteille, sans un mot, toujours aussi préoccupé, servit le vin et se lança. Le ton était direct et clair :

- Le maquis savait que Clara avait une relation amoureuse et durable avec le lieutenant SS qui commandait la gestapo de Mur de Barrez. La plupart des maquisards craignaient d'être dénoncés… Un conseil de guerre fut organisé sous l'égide du capitaine Charlus un soir d'octobre 1943 dans la clairière du « bout du monde. » André Paulhac, ainsi que moi-même, avons bataillé becs et ongles pour qu'une solution autre que l'issue fatale soit trouvée. C'est après avoir écouté les avis des uns et des autres que le capitaine Charlus prit, seul, la décision irrévocable d'exécuter Clara ! Ce ne fut pas de gaîté de cœur, bien sûr. C'était, pour lui, la seule solution efficace pour préserver le maquis du « bout du monde » dont l'effectif s'élevait déjà à quarante hommes.

- Qui était ce capitaine Charlus ?

- C'était un militaire de carrière qui, dès juillet 1940, rejoignit le général De Gaulle à Londres. Il fut chargé, avec « Charvet » qui était son chef, d'organiser la résistance dans le Sud-Ouest de la France. Charlus structura le réseau « Combat » et en devint le chef pour la région du Rouergue, de l'Aubrac et du Lioran. C'était un patriote qui avait une haute idée de la nation et de la République. Il fut tué ainsi que le sergent « Guitoun » dans la bataille de la route nationale de Chaudes-Aigues. Mille-deux-cents résistants furent massés et ont mis en échec l'armée allemande pendant deux jours. C'est là aussi, comme vous le savez, que mon ami, André Paulhac, fit le sacrifice de sa vie.

- Qui fut chargé de l'exécution de ma fille ?

- Le sergent Guitoun choisit les exécutants et commanda l'exécution. Les maquisards, notamment les réfractaires au S.T.O étaient des « gamins » qui n'avaient reçu aucune instruction militaire. Nous n'avions pas d'armes en 1943, sauf quelques fusils de chasse tout juste bons à tirer des lapins pour nous ravitailler. Les garçons de la région furent écartés de cette affaire et nous fûmes envoyés en reconnaissance pour nous installer à la Bastide. Il était, en effet, impossible et dangereux de passer l'hiver au-dessus des falaises de la Truyère et de l'Argence dans cet endroit appelé le « bout du monde ».

- D'après « Barbichou », le médecin qui constata le décès de Clara, ce sont deux balles de fusils de guerre qui l'ont tuée.

- Le sergent « Guitoun » était un militaire de carrière. Avant de rejoindre le maquis, il avait subtilisé à l'armée trois fusils Lebel datant de la guerre quatorze-dix-huit… Les pseudonymes des exécutants - car nous ne connaissions les étrangers au pays que sous des pseudonymes - furent déclarés secret militaire. André, comme vous le savez, avait toujours été très amoureux de Clara. Il aurait voulu savoir qui, parmi les nôtres, avaient pu commettre un tel méfait… Tous ses efforts demeurèrent vains. Nous sûmes simplement que c'étaient des combattants avérés ayant déjà une longue expérience des combats contre le fascisme…

- Ce que vous me dites là réduit fortement le nombre des suspects ! Si la plupart des maquisards du « bout du monde » n'avait aucune expérience militaire en 1943, les hommes aguerris ne pouvaient être que les combattants de la guerre d'Espagne, ceux qu'on a appelés « républicains » et ceux des brigades internationales, tous réfugiés en France après la victoire de Franco.

Le père Guidicelli sourit. Son enquête se réduisait à quelques individus… Il reprit :

- Alors… vous avez très bien connu les assassins de ma fille ! Vous allez me dire qui sont-ils ? Tout au moins les pseudonymes sous lesquels ils se cachaient !

- Je ne peux vous en dire plus. Je suis tenu par le secret militaire et je ne trahirais jamais de bons camarades qui étaient exemplaires au combat comme dans la vie… De toute façon, j'ai été tenu à l'écart de cette affaire et je n'ai aucune certitude sur l'identité des exécutants de cet acte qui pour moi comme pour vous, reste un crime…

- Vous ne voulez pas m'aider à retrouver ces sinistres individus…

- Sachez que je compatis à votre peine… le passé est le passé… Vous ne ferez pas revivre votre fille. L'heure est à la reconstruction aussi bien des maisons et des immeubles que de la conscience et de l'âme des individus qui ont souffert des malheurs de la guerre… Chaque jour, je m'efforce de chasser de mon esprit ce passé tragique avec les fantômes, glorieux ou pas, de ceux qui y ont laissés leur peau…

- Pour me reconstruire, j'ai besoin de savoir qui sont les assassins de ma fille…

- Et après ? Etes-vous sûr que vous pourrez oublier et pardonner ? Vous vous vengerez ? Vous leur jetterez des sorts ? A quoi cela vous avancera-t-il ? Vous ne voulez pas les tuer ?

- Non, certes ! Quoique j'en serais toujours tenté… Je ne suis pas un assassin ! Je ne pense pas que je puisse le devenir un jour…

- Je vous connais comme un honnête homme, un travailleur, un dur paysan attaché à son domaine et à son devoir… Sait-on jamais ? Sur un coup de folie, tout honnête homme ne peut-il pas devenir un assassin ?

Cette question resta sans réponse. Elle laissa Mario Guidicelli indécis et pensif… Cette tentation était figée au fond de son âme. Il en savait assez pour aujourd'hui et pouvait rentrer à Beauregard. Ils se quittèrent en se serrant la main.

- J'espère que je ne vous ai pas importuné avec mes questions qui ravivent un passé douloureux !

- Bien sûr que non ! répondit en soupirant Pierre Cazes.

Il fut soudain soulagé que cette conversation très pénible ne se prolonge pas. Sans un mot, son interlocuteur sortit et remonta dans son automobile.

Mario Guidicelli souriait d'aise en appuyant sur l'accélérateur de sa traction « quinze » dans les lacets de la côte de Saint Symphorien… Il avait deviné assez facilement qui étaient les assassins de sa fille. Pierre Cazes n'avait pas pu faire autrement que de lui livrer les éléments lui permettant de répondre à son interrogation. Il ne lui restait plus qu'à vérifier cette hypothèse ! Mais après ? Quelle suite pouvait-il donner à cette découverte ?

Il était là, seul avec sa conscience, indécis, tiraillé entre les deux solutions extrêmes de ce dilemme cornélien que sont d'un côté la vengeance et de l'autre… le pardon !

LA DISPARITION D'ANTONIO DA COSTA

Antonio Da Costa tout comme son camarade Salvatore d'Ordona, était un anarchiste catalan plutôt qu'espagnol. L'un et l'autre tenaient à cette distinction bien que dans tout le pays de la Viadène et de l'Aubrac, on les appelât « les Espagnols ». Ils s'étaient réfugiés en France après la victoire du franquisme. A dix-huit ans, ils furent les premiers à s'engager dans les milices républicaines de Figueres – leur pays d'origine – pendant la République espagnole bien avant le coup d'état du général Franco du dix-huit juillet 1936.

En France, Antonio Da Costa travailla comme ouvrier agricole et berger dans une grande ferme de Laguiole dans le Haut Rouergue. Son compagnon préféra devenir ouvrier maçon. En 1943, se sentant menacés par les persécutions de Vichy, ils se réfugièrent dans le maquis du « bout du monde ». Ils participèrent aux combats contre les Allemands, puis à la libération de Rodez et de Millau avec l'ensemble des résistants du Rouergue, de l'Aubrac et de la Viadène.

Après la libération, Antonio s'installa avec sa femme Carmen d'Ordona, la sœur de son ami, à la ferme du Puech. C'était une bâtisse isolée sur le plateau au-dessus du lac de Sarrans, à seulement un kilomètre de Vines, hameau de Cantoin. Pour un amateur de paysages grandioses, ce lieu était magique. Le bâtiment principal de cette fermette en pierres du pays avec son toit de lauzes gris-vert, ne manquait pas de charmes. La grange attenante et son grand porche voûté agrémentaient l'ensemble ainsi que la cour pavée. De vertes prairies constituaient un domaine d'une dizaine d'hectares. De la fenêtre de sa cuisine, Carmen voyait s'étendre le lac de Sarrans, situé en contre-bas. Une forte déclivité d'au moins cinq cents mètres séparait le plateau du lac.

Le jeune couple vivotait sur son lopin de terre. Ils élevaient principalement des chèvres, quelques moutons et deux vaches. Carmen fabriquait du fromage qu'elle descendait vendre avec des œufs et des volailles au marché de Sainte-Geneviève sur Argence.

De son côté, Salvatore d'Ordona s'était établi comme artisan maçon à Laguiole. Son camarade Antonio montait souvent l'aider quand les constructions le nécessitaient.

Le vingt-huit juillet 1946, de très bonne heure, comme tous les dimanches, Antonio prit son matériel de pêche et descendit par un chemin escarpé à travers la forêt touffue qui s'étend sur les pentes du lac. Ce chemin peu fréquenté, souvent abrupt, présentait de nombreuses embûches et était considéré comme très dangereux pour un promeneur non averti.

Cependant, la journée promettait d'être chaude. Le soleil dardait ses rayons dans un ciel sans nuage… Une myriade d'insectes voletait au-dessus de l'eau. C'était de bon augure ; la partie de pêche serait bonne…

Vers treize heures, Antonio n'était toujours pas remonté. Carmen commença à s'inquiéter. Son mari tardait. Elle lui avait concocté un coq au vin et pour un empire, il ne se serait jamais permis d'arriver en retard pour profiter d'un tel mets ! C'était plus qu'étrange… Il était toujours exact pour le repas dominical. D'habitude, il arrivait, très ponctuel, vers les midis et demi et prenait un plaisir fou à lui détailler les différentes prises de sa pêche matinale. Bizarre ! Qu'avait-il bien pu se passer pour justifier un tel retard ? Une chute ? Un accident ? Elle connaissait la dangerosité de ce chemin escarpé parmi les arbres, les rocs et les rochers, à tel point qu'elle ne l'avait accompagné qu'une seule fois ! Après cette première expérience, elle se jura bien de ne plus jamais y redescendre !

Elle réfléchissait en regardant le lac par la fenêtre de sa cuisine… Il avait dû se faire une entorse. N'était-il pas tombé à l'eau ? Ne s'était-il pas envasé dans ce lac artificiel aux profondeurs abyssales ?

Elle chaussa ses sabots et courut à travers la pâture jusqu'au début du sentier. Elle se ravisa quand elle vit le chemin plonger à pic vers le lac. Il était impossible et dangereux pour elle de descendre seule dans ce chemin abrupt ! Elle se romprait le cou ! Le mieux était de demander du secours. Oui, mais voilà en 1946, les fermes isolées du plateau de la Viadène n'avaient pas le téléphone. Elle courut sur la route de Vines et frappa à la porte de la première maison, chez Monsieur Bouyssou. C'était un « Parisien », ancien bougnat, nouvellement retraité et aisé, qui venait d'obtenir le téléphone. Quand il ouvrit sa porte, qu'il la vit, toute rouge et haletante, celui-ci comprit tout de suite. Il dit :

- Votre mari n'est pas remonté du lac ?
- Oui ! répondit-elle en tremblant !
- Le mieux est d'avertir la gendarmerie !

Il appela directement. C'est le chef Gallinérac qui prit l'appel. Il appela son collègue :

- Franck ! Tenue de combat, une disparition à Vines.

En poste à Sainte Geneviève depuis plusieurs années, le gendarme Gallinérac savait qu'une disparition dans les hameaux au-dessus du lac de Sarrans, signifiait un suicide par noyade. Il était paradoxal que dans ce pays à la tranquillité légendaire si éloigné du stress des grandes métropoles, les gens se suicident si fréquemment ! C'était ainsi ! Les dépressions graves des habitants de ces villages se terminaient immanquablement dans les eaux du lac. Pour la quatrième fois, il chaussait ses rangers et mettait son treillis pour cette pénible mission…

Ils embarquèrent sans tarder. La « Juvaquatre » de marque Renault, nouvellement attribuée à la brigade de Sainte Geneviève, ronflait dans les lacets de la côte de Cantoin. C'était un réel plaisir de déraper sur les graviers de la route. Le chef Gallinérac sentait monter en lui l'effet de l'adrénaline qui se déversait à grands flots dans ses veines. Il se passait enfin quelque chose dans son canton ! Il pourrait déployer toute sa sagacité, étaler tout son savoir-faire !

Le père Bouyssou les attendait au carrefour de Vines :

- C'est « l'Espagnol » de la ferme du Puech. Il n'est pas remonté du lac.

- Ah ! Oui… Je connais ! On y va…

Carmen était sur le bord de la route. Le gendarme gara la voiture.

- Que se passe-t-il, ma brave dame ?

- Mon mari n'est pas remonté du lac. Il est parti ce matin de bonne heure pour y pêcher, comme tous les dimanches… Ce n'est pas normal… Il est toujours exact pour manger le midi…

Gallinérac jeta un coup d'œil à sa montre : Quatorze heures trente !

- En effet ! dit-il. Votre mari ? Je le connais ! Comment se nomme-t-il déjà ?

La clairvoyance et la sagesse de l'adjudant-chef Gallinérac étaient légendaires dans la région. Avant que Carmen prononce le nom de son mari, son esprit vif s'en souvint et il dit :

- Antonio Da Costa ?

- Exactement…

- Comment allait-il dernièrement ?

- Bien… Comme d'habitude…

Gallinérac insista :

- Et le moral ? Était-il soigné pour dépression ?

- Pas du tout ! Vous pensez à un suicide ?

- J'envisage l'hypothèse la plus courante. C'est fréquent dans le coin, croyez-moi ! De toute façon, on descend ! On va vous le trouver ! Restez ici, on vous le ramènera bientôt…

Les deux gendarmes s'aventurèrent avec précaution dans ce sentier abrupt.

Le chef Gallinérac s'était engagé dans la gendarmerie à l'âge de vingt-quatre ans, en 1936, par nécessité. Il aimait son métier : faire respecter les lois de la République, protéger les citoyens des violences, du vol et du crime. C'était un homme brun au regard noir, de taille moyenne. Une fine moustache soulignait sa bouche. On sentait en lui une énergie farouche. L'entrainement militaire de la gendarmerie avait fini par le doter d'une musculature souple et puissante. Il possédait une solide expérience. Une dizaine d'années de carrière l'avait aguerri à gérer les pires situations, notamment pendant la période de Vichy, la plus détestable de toutes, car il aimait que les lois soient justes et équilibrées. Il avait déjà élucidé trois crimes et de nombreuses autres affaires, disparitions et suicides. Dans son regard brun transparaissaient à la fois la mansuétude de l'humaniste et l'intransigeance du policier. Il pouvait exprimer la plus douce des compassions à l'égard des victimes comme la plus grande rudesse et sévérité aux criminels et contrevenants. Quant à son jeune collègue Franck, il le considérait comme un bleu « en formation ». Celui-ci s'appelait en fait Emile Franck. Il n'aimait pas son prénom à tel point que ses collègues l'avaient presque oublié… C'était un homme blond aux cheveux rares, au regard clair, grand et fort avec un surpoids qui frisait l'obésité. Sa stature et sa grosse voix en imposaient. Il était cependant jovial et la malice éclairait souvent ses yeux bleus….

Quand Gallinérac le vit courir dans le chemin, il le rappela :

- Hé ! Doucement, un bon gendarme est un observateur. Tu vas t'emballer et te rompre le cou ! Descends sans précipitation en regardant de chaque côté ! Quatre yeux valent mieux que deux ! Il est peut-être tombé dans un trou et nous pouvons passer à côté de lui sans le voir…

Ils cheminèrent en cherchant des traces de glissades ou de pas sans noter d'indice particulier. Ils arrivèrent à une petite plateforme aménagée à un mètre au-dessus du lac. Un matériel de pêcheur était resté. Il se composait d'un tabouret pliant en bois, de deux cannes à pêche, l'une dressée, trempant dans l'eau, l'autre comme tombée à côté, et d'un seau dans lequel nageaient quelques poissons.

- Des tanches, dit Gallinérac.

Pas d'Antonio Da Costa…

- Ni Espagnol, ni Catalan, ironisa Franck…

- Alors ?

- On cherche encore !

En face, à environ huit cents mètres, la presqu'île de Laussac s'étendait avec sa plage, ses belles résidences secondaires de style « belle époque » et ses deux hôtels, dotés d'agréables terrasses. Une légère brise un peu fraîche ridait la surface du lac. Ils observaient minutieusement, à droite, à gauche, au milieu. Le reflet du soleil qui argentait en fines ondulations les eaux du lac, les éblouissait… Ils clignaient des yeux pour mieux voir. Sans succès ! Aucun corps ne flottait à la surface de l'eau !

- Tu vois quelque chose ?

- Rien !

- Il faut chercher plus avant dans l'eau ; cette lumière est éblouissante… Et d'ici on ne peut pas appréhender toute la surface du lac… Il existe des petits courants qui font dériver tout objet flottant. A priori, c'est encore un suicide par noyade…

- Pourquoi ce matériel de pêcheur ? Est-ce qu'on emmène ses cannes à pêche pour se suicider ?

- C'est possible… pour masquer ses intentions réelles. Les médecins parlent parfois de « raptus suicidaire » c'est-à-dire d'une décision inopinée, brusque… de mettre fin à ses jours ! Ou alors, ce serait une chute accidentelle ? Il ne savait peut-être pas nager !

Ils examinèrent la rive. Pas de trace de pas… Ils se frayèrent un chemin parmi les genets et les ronces mais la végétation était si touffue et les bords du lac mal définis parmi les diverses plantes qu'ils renoncèrent bientôt.

- Il faut absolument retrouver le corps ! Nous demanderons aux pompiers de mettre leur barque à l'eau !

- Difficile de la descendre jusqu'ici !

- Non, ils vont profiter de la plage de la presqu'île de Laussac. Seulement huit cents mètres nous en séparent… Ils rameront jusque dans les parages ! Reste-là… pour diriger les pompiers par ici. Je remonte téléphoner… En attendant, cherche dans les broussailles, on ne sait jamais !

Le chef Gallinérac remonta. Il était déçu.

Carmen attendait, impatiente.

- On ne l'a pas trouvé ! Savait-il nager ?

- Pas du tout ! Il n'a jamais appris. Je ne l'ai jamais vu se baigner même quand nous allions à la plage de la presqu'île.

- Je demande aux pompiers d'intervenir !

- Mon Dieu, que lui est-il arrivé ? On le retrouvera noyé !

- Vous allez bientôt le savoir, ma brave dame ! Je n'aime pas du tout ce genre de disparition. C'est tout à fait de mauvais augure !

LES RECHERCHES

Vers le milieu de l'après-midi, les pompiers arrivèrent sur la plage de la presqu'île de Laussac. Ils mirent sans attendre leur bateau à l'eau. Ils étaient quatre. Trois montèrent dans l'embarcation tandis qu'un resta à terre. Un homme ramait tandis que les deux autres observaient. Ils sondèrent le lac sur toute son étendue. Franck les dirigea vers la plateforme de pêche. Les pompiers parcoururent avec soin les alentours sans succès.

L'usine électrique tournait… Ils prirent le faible courant, suffisant pour qu'un corps dérive lentement vers le barrage. Sans relâcher leur attention, ils remontèrent le lac, toujours bredouille… A vingt heures, le soleil s'était caché derrière la cime des arbres. Une pénombre humide et fraîche s'étendit puis recouvrit la surface de l'eau. Une fine brume s'éleva. La nuit s'approchait à grands pas. Leur chef déclara :

- Cessons nos recherches pour aujourd'hui. Nous reviendrons demain matin au petit jour.

Le chef Gallinérac était retourné à la ferme du Puech pour récupérer son adjoint. Il l'informa de l'échec des recherches :

- Je ne suis pas étonné ! C'est toujours ainsi. La dernière suicidée par noyade de la ferme des Ribes - tu n'étais pas encore là, c'était, je crois, en quarante-et-un - nous avons mis trois jours pour la retrouver.

Il réfléchissait. Il y avait un moyen… Non officiel, mais réputé infaillible : Le curé d'Orlhaguet !

Les lecteurs qui ont lu « Prisonnier » connaissent ce personnage. Il était avant professeur de lettres classiques, Latin et Grec, au collège Saint Joseph de Rodez. A l'âge de la retraite, l'évêché lui confia la paroisse d'Orlhaguet, célèbre pour sa tranquilité. Les gens dans le pays, à tort ou à raison, lui attribuaient des pouvoirs magiques. On le disait radiesthésique, sourcier et guérisseur. N'était-il pas à l'origine de la guérison de l'eczéma étendu et très pénible du père Domergue ?

Gallinérac reprit :

- Pour retrouver votre mari, je vous suggère de consulter le curé d'Orlhaguet !

- Vous n'y pensez pas ! Mon mari bouffait du curé. Pendant la guerre civile, les camarades de son parti en ont fusillé des centaines ! Ils disaient qu'ils endormaient le peuple avec leurs histoires à dormir debout !

- Lors de la dernière noyade dans le lac, nous avons cherché le corps pendant deux jours et ce n'est que le troisième que nous l'avons retrouvé grâce aux indications du curé d'Orlhaguet… Je vous en prie… ça n'a rien à voir ! Ce n'est pas un curé que vous allez voir, mais un radiesthésiste !

- Et pourquoi vous n'y allez pas, vous ?

- Dans la gendarmerie, nous n'avons pas le droit de recourir à ce genre de service « non-officiel » !

- Et comment vais-je y aller ?

- Je vous descends avec la voiture !

- A cette heure ?

- Il n'y a pas d'heure pour retrouver son mari, noyé ou pas. Le curé s'ennuie dans son presbytère. Il reçoit toujours avec compassion les gens dans la détresse.

- Je vois que vous y tenez ! Allons-y, mais ça me coûte vraiment ! Qu'en penserait mon mari ?

- Munissez-vous d'un objet courant, ayant appartenu à votre mari !

- Ah ! Pour quelles raisons ?

- Je crois qu'il en a besoin pour son pendule ! Il vaut mieux vous munir de quelque chose, ça vous évitera de revenir !

- Sa casquette, conviendra-t-elle ?

- Très bien ! En plus, elle me parait usagée… C'est tout ce qu'il faut !

LA VISITE CHEZ LE CURE

Ils descendirent dans le village d'Orlhaguet. C'est une jolie bourgade située au bord de l'Argence. Ce torrent dévale de la montagne à vive allure parmi les pâtures et les rochers. A Orlhaguet, il s'étale largement dans les prairies comme s'il voulait se reposer de sa course folle avant de la reprendre pour se jeter en cascades bruyantes dans la Truyère. Un pont de pierres franchit le gué de ses cinq arches majestueuses. La robuste église en pierre de pays, située sur un tertre domine la vallée ; elle s'impose au regard du visiteur. C'est une église fortifiée avec un haut clocher comparable à un fort donjon dont les meurtrières subsistent encore.

La voiture de la gendarmerie stationna discrètement dans une petite rue à proximité de la place. Carmen marcha à petits pas craintifs jusqu'au presbytère situé derrière l'église. C'était une maison à un étage, à l'allure imposante. Elle monta les quatre marches du perron et frappa à la porte, très impressionnée… La bonne – une jolie femme d'une quarantaine d'années, bien en chair – vint lui ouvrir et demanda :

- Qu'est-ce qui vous amène à cette heure tardive ? Je viens de servir la verveine de Monsieur le curé !

Carmen restait bouche bée comme paralysée sur le perron…

- Monsieur le curé s'apprêtait à gagner ses appartements. Entrez donc ! Ne restez pas plantée là comme une souche ! Insista la servante devant l'immobilité de Carmen.

- C'est que… bredouilla celle-ci.

- Asseyez-vous dans la salle du catéchisme ! Je préviens Monsieur le curé de votre visite…

Carmen était tremblante et déconfite au milieu de toutes ces images pieuses. Elle - comme toute sa famille acquise aux idées anarchistes catalanes - avait craché sur tout ce qui était pour elle des « superstitions » depuis son plus jeune âge. Elle fut cependant rassurée quand le curé en soutane apparut dans la porte. Sur son visage lisse se dessinait un bon sourire. Des cheveux blancs bien ordonnés autour d'une calvitie et un regard plein de bonté la mirent tout de suite en confiance.

- Que puis-je pour vous ? Ma brave dame…

- C'est mon mari… il a disparu, bredouilla-t-elle.

- Entrez dans mon bureau ; nous serons plus à l'aise pour examiner cette situation qui me parait des plus sérieuses…

Carmen faillit s'évanouir quand elle s'assit devant un grand Christ en croix accroché au mur au-dessus d'une cheminée en marbre sombre sur laquelle étaient entreposés de grands pots de dragées roses ou bleues. Le curé s'assit en face d'elle dans un grand fauteuil à bascule, un peu de trois-quarts comme s'il voulait signifier que celui qui l'éclairait et l'inspirait, était le personnage disposé au-dessus de la cheminée. Déjà, le regard interrogateur du mage examinait sa visiteuse, sa façon de se tenir, ses vêtements… Comme s'il sondait la profondeur de son âme. Un silence s'établit… Il attendait que Carmen expose les faits :

Mal à l'aise, elle rassembla toute son énergie pour balbutier enfin :

- C'est… mon mari… Il n'est pas remonté de sa matinée de pêche au bord du lac. Les gendarmes et les pompiers l'ont cherché toute l'après-midi jusqu'à la nuit tombante sans succès…

- Oui, je vois… C'est difficile de retrouver un corps dans ces eaux-là. C'est déjà arrivé, je m'en souviens…

Le curé cherchait dans des souvenirs anciens des faits analogues pour y puiser de l'expérience :

- Dites-moi : Où habitez-vous ?

- A la ferme du Puech, près de Vines…

Le curé alla chercher dans sa bibliothèque une carte d'état-major qu'il étala sur son bureau.

- Voyons… C'est bien là !

Il désigna sur la carte la ferme du Puech.

- Oui, nous habitons cette fermette depuis un moment déjà…

- Je connais… un bien joli endroit, isolé mais si tranquille ! Le chemin qui descend au lac, est situé derrière votre maison, je suppose.

- Oui ! Tout au bout de la pâture… C'est un mauvais sentier, très abrupt, que mon mari a tracé et renforcé au fil des ans…

- Pour cette raison, il n'est pas répertorié sur la carte. Avez-vous amené quelque chose ayant appartenu à votre mari ?

- Oui ! Le gendarme chef m'avait prévenu. J'ai emmené sa casquette !

Carmen sortit le couvre-chef de son cabas.

- Très bien ! Donnez-la-moi !

C'était une casquette usagée sentant la transpiration et la chèvre. Le radiesthésiste la prit du bout des doigts et la posa sur le bureau…

- Bien ! C'est exactement ce qu'il me faut !

Il sortit d'un tiroir un pendule conique et le lança au-dessus de l'objet ayant appartenu à Antonio… Carmen regardait avec intérêt le visage du curé sur lequel s'affichait tour à tour la concentration, l'interrogation puis la désillusion ou la crainte. Le pendule ondula un moment, changea de sens plusieurs fois. Le radiesthésiste l'examinait en silence. Un petit sourire de satisfaction s'afficha enfin sur son masque. Il poussa la casquette sur le côté et transporta le pendule au-dessus du plan du lac. Cet examen dura une éternité dans le silence angoissant du bureau dont l'oracle se faisait attendre… Il sourit enfin en la regardant :

- Voilà, dit-il…

Il se tourna légèrement vers le Christ en croix, semblant le prendre à témoin…

- Le corps de votre mari se trouve à cinquante mètres en amont de son lieu de pêche, tout près du bord et très certainement coincé dans les racines des aulnes du rivage… Le vent et le contre-courant l'auront poussé en amont…

Elle s'entendit dire tant elle était subjuguée par le charisme du radiesthésiste.

- Vous en êtes sûr ?

Elle regretta aussitôt cet élan d'incrédulité. Il sourit, se tourna encore vers son Dieu et dit avec simplicité :

- Qu'Il me pardonne si je me trompe ! Ayez confiance, ma fille, et allez en paix !

Il se leva sans hâte et la raccompagna en lui tenant le coude jusqu'à la porte. Carmen ne demanda pas combien elle devait.... Le prix était proportionnel à la confiance qu'on avait dans les propos du mage, mais aussi à la générosité du visiteur. Elle avait préparé un billet qu'elle glissa dans le tronc disposé à cette fin dans l'entrée.

Sous la marquise du perron, encore toute à son émotion, elle replaça son fichu sur ses épaules. « Si Antonio sait que j'ai donné des sous à un curé, c'est sûr... qu'il va m'étrangler... Le pauvre, je crains qu'il ne puisse plus jamais en avoir seulement l'idée ! »

Carmen rapporta au chef Gallinérac l'exacte conclusion du curé d'Orlhaguet. Il grimaça et fit :

- J'aurais dû m'en douter ; c'est complètement logique... Sur une rivière ou même un torrent, il existe souvent des tourbillons qui forment un contre-courant... De plus dans cette région, les vents du Sud-Ouest sont dominants et repoussent les objets flottants vers la rive Est ou Nord-Est comme le bois mort et d'ailleurs tout ce qui est susceptible de flotter à la surface de l'eau. Ce curé m'étonnera toujours ! Est-ce de la magie, un don du ciel ou de la pure logique ?

- Vous croyez vraiment ce qu'il dit ! J'ai l'impression que tout ça n'est qu'une mise en scène, une imposture de plus…

- Nous le saurons demain. Au petit jour, je vais m'embarquer avec les pompiers et aller directement à l'endroit désigné ! Je souhaite que notre radiesthésiste ait encore une fois raison ! Que son intelligence et son génie n'aient pas été altérés par les années !

C'EST UN CRIME

Le lendemain au petit jour, le chef Gallinérac et les quatre pompiers se retrouvent sur la plage de la presqu'île de Laussac. Une brume matinale ouate les arbres et les maisons. Il fait frais. On distingue à peine l'autre rive qui apparait beaucoup plus éloignée que dans la réalité.

Gallinérac affirme :

- Le curé d'Orlhaguet pense que le cadavre d'Antonio est coincé par des racines à environ cinquante mètres en amont de sa plate-forme de pêche !

A ses mots, l'un des pompiers sourit, l'autre hausse les épaules. Puis, c'est l'hilarité générale.

- Et, comment il sait ça, ce curé ? Il l'a lu sur son bréviaire ?

Gallinérac est un peu vexé… Avec les pompiers, les gendarmes se sentent en confiance, presque entre copains. Il ne s'en offusque pas davantage :

- Puisque je vous dis où il est ! Allons voir et qu'on en finisse ! Nous verrons bien si le curé a raison ou s'il a tort !

Le chef des pompiers se marre :

- Avec cette brume matinale, on n'y voit rien et ça m'étonnerait qu'on le découvre à cette heure. Nous ferions mieux d'aller boire un café à l'hôtel du lac en attendant que le soleil chasse le brouillard !

- Comme vous voulez, mais je vous ai dit où il se trouve !

Un brouhaha s'installe. Chacun donne son avis. Gallinérac est éloquent. Il défend son point de vue pied à pied et finalement ils embarquent. Il est debout à l'avant pour diriger la manœuvre. Deux pompiers rament avec vigueur. Le chef des pompiers est assis à l'arrière et sonde les flots de son regard. La plate-forme de pêche se dessine enfin au bout de vingt minutes d'errance dans la brume. Juste avant de l'atteindre, Gallinérac fait obliquer à gauche vers l'amont en se rapprochant de la rive.

Dans un premier temps, il ne voit rien… Que des eaux vertes parsemées de feuilles mortes ou de branches flottant près du bord. Le doute s'installe. Le chef des pompiers commence à rire sous cape. Soudain, résonne le cri de triomphe du gendarme.

- Il est là ! Je l'ai aperçu…

Trois paires d'yeux incrédules se tournent vers l'endroit désigné. Ils sondent la pénombre et ne voient rien. Les flots près du bord leur paraissent très foncés, gris, presque noirs et très peu transparents. Impossible de distinguer quelque chose dans ce liquide opaque ! La barque se rapproche doucement… Le cri devient unanime !

- Oui ! Il est là !

- Bravo ! C'est un miracle qu'on puisse le trouver par cette brume…

Un cadavre flotte, la face tournée vers les profondeurs. Sa tête brune parait coincée par les racines d'un chêne de la rive. Un sourire de soulagement se peint sur tous les visages… Gallinérac pavoise :

- Alors ? Je vous l'avais bien dit !

- Bon, c'est vrai ! Un point pour toi… admet difficilement le chef des pompiers.

Ils l'ont trouvé ! Leur rôle n'est pas terminé pour autant. Une grimace de dégoût se peint sur leurs visages quand ils comprennent que la phase suivante sera de tirer hors de l'eau le cadavre putrescent et de l'embarquer avec eux ! Ils approchent le plus près possible. Gallinérac distribue des gants. La manœuvre est délicate. Il faut hisser le corps sans faire chavirer l'embarcation. Après quelques efforts, quelques atermoiements sur la distribution des rôles parce que deux pompiers doivent faire contre-poids pendant que les deux autres s'emploient à tirer le cadavre hors de l'eau, doucement pour que la frêle embarcation ne chavire pas… Après bien des efforts, ils y parviennent et l'allongent sur le dos dans le fond du bateau.

- C'est bien lui !

Ils connaissent tous Antonio Da Costa, ce résistant qui s'est illustré dans les combats de la libération et qui a reçu, avec ses compagnons et en leurs présences, la médaille de la résistance lors des dernières cérémonies du quatorze-juillet devant le monument aux morts du village…

Ils le hument en silence. Le cadavre n'exhale pas encore une odeur de charogne ; il ne sent que la vase ! Son transport jusqu'à la rive ne sera pas trop pénible ! Sa mort ne remonte qu'à environ vingt-quatre heures.

Soudain, Gallinérac s'agenouille. Il a vu, au voisinage de sa poitrine, un trou dans le tissu. Le vêtement est arraché et du sang noir, coagulé semble le maculer… Avec son index protégé par le gant, il désigne sa découverte…

- Vous voyez ? C'est un trou de balle !

Il déboutonne la veste de chasseur en coton épais, soulève la chemise. Quand il voit le trou dans la poitrine, il déclare :

- Il a été tué par balle ! C'est un crime !

Ses compagnons restent muets, figés par l'énormité de la découverte. Le gendarme Gallinérac s'assoit sur le bord de la barque sans quitter le cadavre des yeux. Voilà qui change tout ! Il gamberge déjà… Il sait qu'il ne doit pas aller trop vite et d'abord rassembler des éléments, des indices qui vont orienter son enquête…

Ils débarquent sur la plage de la presqu'île de Laussac. La barque est tractée par le treuil du camion des pompiers et hissée sur la remorque. Ils évitent de toucher le cadavre et le laissent dans le fond de la barque.

- Amenez-le-moi à la gendarmerie. En attendant l'avis du procureur, je vais l'entreposer dans le sous-sol…

Il n'existe pas de morgue dans ce chef-lieu de canton et la préfecture de Rodez est distante de soixante-dix kilomètres…

LA RECHERCHE D'INDICES

L'adjudant-chef Gallinérac informe sa hiérarchie par téléphone. Le procureur de Rodez qui le connait bien, a confiance dans son discernement et lui confie immédiatement l'enquête. Il autorise une autopsie pour en savoir plus sur les circonstances de la mort, les causes exactes et pour connaître le calibre de la balle.

Pendant que son chef s'occupe des relations avec les autorités supérieures, Franck débarrasse la pièce du sous-sol de la gendarmerie qui servira à l'autopsie. Il la vide des jouets et des vélos des enfants des gendarmes, la balaie et y entrepose deux tréteaux sur lesquels il met une forte planche. Madame Gallinérac apporte, en maugréant, un vieux drap. Quand les pompiers arrivent, tout est déjà prêt pour accueillir la dépouille du pauvre Antonio.

Le docteur Barbichou habitait presqu'en face de la gendarmerie sur la route de Laguiole. C'était un vieux médecin de campagne connu pour son dévouement. Gallinérac traversa la route. Le médecin était en consultation. Le gendarme attendit dans l'entrée en s'appuyant au chambranle de la porte de la salle d'attente. Quand le patient sortit, quel ne fut pas l'étonnement du docteur de voir le gendarme droit dans son uniforme debout dans l'entrée ! Celui-ci se décoiffa :

- Docteur, puis-je vous voir un instant ?

La seule présence d'un gendarme dans son entrée signifiait qu'un événement grave s'était produit dans le canton…

- Bien sûr ! Entrez…

- Je vous apporte une réquisition pour que vous pratiquiez une autopsie !

Il lui tendit le papier à en-tête de la République française. Le médecin le saisit :

- Qui est-ce ? Avez-vous identifié le corps ?

- Antonio Da Costa de la ferme du Puech, tué par balle !

- Ce n'est pas vrai ! Ce brave paysan ! Qui a pu faire ça ?

- C'est ce qu'on va bientôt savoir !

- Bon, je m'occupe d'abord des vivants, et je l'autopsie le plus vite possible, en fin d'après-midi !

- C'est l'été et le sous-sol de la gendarmerie est à peine frais !

- Je vais me dépêcher !

A cette époque, la brigade de gendarmerie de Sainte Geneviève-sur-Argence comportait cinq gendarmes. L'un est de repos, trois sont en service actif et le dernier est en réserve, c'est-à-dire qu'il n'intervient que si les évènements le nécessitent.

Gallinérac convoque la totalité de ses effectifs dans son bureau. Il leur confie à chacun une mission. Le plus jeune reste au bureau pour répondre au téléphone et expédier les affaires courantes. Les trois autres devront interroger tous les habitants de Vines, les uns après les autres, minutieusement, pour savoir s'ils ont vu une voiture, un cheval ou une bicyclette, stationner la veille, dimanche vingt-huit juillet, dans le village ou ses alentours, entre huit heures et midi et notamment une traction Citroën noire avec si possible son immatriculation…

- Tandis que, moi, je vais interroger Carmen, sa compagne, pour en savoir un peu plus sur Antonio !

- Chef, avez-vous une petite idée de l'identité de l'assassin ?

- Oui ! Je pense que cette affaire sera rapidement bouclée. Avant, je veux rassembler quelques éléments sur lesquels j'appuierai mon accusation ! Je ne vous en dis pas plus pour ne pas orienter vos interrogatoires ou vos constatations…

Gallinérac avait laissé le volant de la voiture de service à Franck. Celui-ci conduisait prudemment dans les virages serrés de la côte de Cantoin. Assis à l'avant, l'adjudant-chef se laissait aller à un peu de relaxation. Il admirait les paysages de pâtures vallonnées, parsemées de rochers, avec ses torrents dont l'eau en abondance était la richesse de ce pays d'élevage de bovins.

Enquêter sur un crime était une lourde responsabilité. Il ne fallait pas accuser un suspect à la légère sans s'appuyer sur des preuves tangibles… Certes, il avait déjà démêlé des enquêtes pour homicides. En général, dans un canton, il suffisait d'un peu de jugeotte pour en suspecter l'auteur et le confondre immédiatement par quelques témoignages ou quelques preuves.

Il se sentait dans son élément, l'adjudant-chef Gallinérac ! Enfin, un fait important s'imposait dans le train-train quotidien des petites affaires de voisinages ou de braconnages. Il sentit une bouffée d'adrénaline se déverser comme un bienfait dans ses veines et sourit en admirant le paysage… Il donna ses dernières consignes d'un ton ferme à ses collègues :

- Je veux que vous frappiez à chaque porte de ce village afin de savoir si un de ses habitants a vu quelqu'un, « un étranger, » un véhicule, quelque chose de différent hier matin, et dans le cas où il y aurait un élément positif, je veux un signalement précis, détaillé et complet ! Partagez-vous les rues… Il ne comporte qu'une vingtaine de foyers. Ce n'est pas une tâche trop ardue ; faites-la avec minutie, modération et politesse !

Gallinérac laissa ses trois collègues à l'orée du village et reprit le volant jusqu'à la ferme du Puech. Il descendit et claqua la portière. Le chien dans sa niche aboya. Carmen, aux aguets, sortit sur le pas de sa porte. Elle portait déjà le deuil : une blouse grise sur une robe noire et des bas assortis. Elle dit, bouleversée, presque tremblante :

- Vous avez des nouvelles ?

- Oui ! Nous avons retrouvé le corps de votre mari, là où le curé d'Orlhaguet l'avait prédit.

Il approcha, poussa la petite barrière en bois de la cour.

- Entrez quelques instants, fit-elle d'une voix lasse.

Gallinérac traversa la cour pavée, contourna le puits, entra et s'assit sur le banc le long de la grande table de bois. Il ôta sa casquette, la posa avec précaution sur la table et se gratta le front, ce qui signifiait qu'il avait une information des plus graves… des plus délicates à annoncer.

- Aviez-vous des ennemis ou quelqu'un qui en voulait particulièrement à votre mari ?

- Pas que je sache ! Pourquoi ?

- Votre mari a été tué par balle, certainement… un coup de pistolet. Il a une plaie en plein milieu du thorax… C'est une vengeance, un acte prémédité ! Cherchez bien dans votre mémoire, il doit bien y avoir un conflit, un acte important que votre mari a commis et qu'il vous a raconté le soir à la veillée ou le matin sur l'oreiller ! On ne tue pas un tranquille pêcheur du dimanche matin sans une raison importante… d'autant plus que l'assassin connaissait les habitudes d'Antonio et qu'il a dû descendre le chemin aux multiples difficultés pour commettre son acte…

- Je vais réfléchir… Je ne vois pas pour l'instant… Où est-il ? Je veux le voir !

- Il est dans le sous-sol de la gendarmerie. « Barbichou » pratiquera l'autopsie dans la journée. Nous voulons savoir les circonstances exactes de sa mort, surtout quelle balle l'a tuée, et par conséquent quelle est l'arme du crime… Vous pouvez venir identifier le corps. De toute façon, nous vous le restituerons demain matin avec le permis d'inhumer…

- Bon, alors… Je n'ai pas envie de le voir mort, mon pauvre Antonio ! J'attendrai demain.

Elle éclata en sanglots. Gallinérac la laissa exprimer son chagrin. Au bout d'un court instant, elle se reprit, s'essuya les yeux avec un mouchoir sorti de la poche de son tablier et dit :

- Excusez-moi. C'est dur ! Je ne m'attendais pas à une telle nouvelle ! Je suis sous le choc ! Vous me dites qu'on l'a tué, mon Antonio ! Comment est-ce possible ?

- Oui, c'est la vérité ! J'ai constaté qu'on lui avait tiré une balle dans la poitrine !

Le gendarme la laissa un instant digérer ces faits. Il reprit :

- Essayez de vous rappeler : avez-vous reçu des menaces ? Votre mari avait-il des tracasseries, des remords qu'il vous aurait confiés ? Je sais… vous êtes sur le coup de l'émotion… dans les circonstances présentes, il vous est peut-être difficile de vous souvenir…

- Non, je ne vois rien…

- Racontez-moi un peu… Comment avez-vous connu votre mari ?

- D'abord, nous ne sommes pas mariés avec Antonio… C'est… c'était un anarchiste catalan qui n'a jamais renié ses principes, une sorte de foi ! Le mariage, est pour eux une institution bourgeoise destinée à enchaîner l'homme et la femme, à leur faire renier ce qu'ils ont de plus précieux : leur liberté ! J'ai connu mon mari par l'entremise de mon frère Salvatore d'Ordona qui est maçon à Laguiole.

- Oui, je sais !

- Ils se sont connus dans la milice catalane. Nous sommes de Figueres… C'est un bourg proche de la frontière avec la France. Ils ont fait toute la guerre ensemble contre Franco. La première fois que j'ai vu Antonio, c'était lors d'une permission en juin 1938, je crois. J'étais très jeune et je n'aurai jamais pensé devenir sa femme. Nous nous sommes rapprochés quand nous avons été accueillis en France… Nous avons travaillé ensemble dans la grande ferme de Laguiole, lui comme vacher et moi comme bonne à tout faire… Après l'invasion de la zone Sud par l'armée allemande en 1943, il a rejoint le maquis avec mon frère et la plupart des « républicains » espagnols de la région. Ils se cachaient « au bout du monde » près du hameau de Mels, puis à la Bastide, sur le plateau au-dessus de Cantoin. Pendant cette période, j'étais une discrète servante du « castelou » de Cantoinet. On m'avait conseillée de changer d'adresse… En fait, je suis devenue sa femme « officielle » à la libération en 1944… quand nous avons trouvé cette ferme à louer…

- Vous a-t-il parlé de « sa » résistance ?

- Beaucoup ! Pendant toutes nos longues soirées d'hiver… de leur vie « au bout du monde », à la Bastide, des parachutages d'armes, de l'embuscade contre l'armée allemande sur la route nationale de Chaudes-Aigues, de la libération de Rodez, et de celle de Millau ! Je sais tout par chœur, et je pourrais écrire un livre !

- Vous a-t-il parlé de l'assassinat de Clara Guidicelli, dite « la belle cavalière » ?

- Jamais ! J'ai su cette histoire par la vox populi. Elle a longtemps alimenté les conversations sur le marché de Sainte Geneviève… et les polémiques…

- Antonio ne serait-il pas l'un des tireurs lors de ce guet-apens ?

- Non ! Si c'était le cas, je pense qu'il m'en aurait parlé. Il avait une totale confiance en moi. Vous savez, avec mon frère Salvatore, c'était leur deuxième guerre contre les fascistes… Ils avaient tous les deux beaucoup de secrets « militaires. » Mais, je vous le répète, ils n'ont rien à voir dans l'assassinat de cette fille ! Je ne vois rien d'autre à vous dire ! J'essayerai de me rappeler des faits pouvant vous aider dans vos recherches de l'assassin de mon mari.

- Si Antonio était l'un des tireurs, dans le cas où il vous en aurait parlé, me le diriez-vous ? Je crains bien que non !

- Vous pensez que la mort de mon mari a un rapport avec l'assassinat de Clara ?

- Peut-être ! J'essaie de reconstituer le passé de votre mari de façon à savoir qui pouvait lui en vouloir au point de lui tirer, à froid, un paisible dimanche matin… une balle en plein thorax… Essayez de vous rappeler toutes les confidences qu'il a pu vous faire au coin du feu ! Je vous tiendrai au courant de la suite de l'enquête. Nous serons amenés à nous revoir et si quelque chose d'important vous revient, n'hésitez pas à descendre à la gendarmerie… Chaque détail peut compter dans une enquête comme celle-ci !

L'adjudant-chef Gallinérac jugea que l'état émotionnel de son interlocutrice ne permettait pas de poursuivre cet interrogatoire plus longtemps. Il remit son képi et se dirigea vers sa voiture.

- Au revoir ! Essayez de vous souvenir ! Il y a forcément une raison à cet assassinat… prémédité. Vous avez le devoir de m'aider ! Je vous en prie : Ne me cachez rien ! Ce crime ne doit pas rester impuni !

Il opéra un demi-tour et se dirigea vers Vines. Il stationna sur la place et continua à pied à la recherche de ses adjoints. Franck sortait de chez les Desrieux.

- Alors ?

- Non ! Ils n'ont rien vu ! Pourtant ils sont sortis vers neuf heures trente pour se rendre à la messe à Cantoin…

Ses deux autres adjoints étaient aussi bredouilles. Aucun témoignage d'un villageois de Vines ne viendrait étayer son accusation.

- C'est étonnant ! Aucune trace, aucun véhicule !

Franck reprit le volant. C'était un bel après-midi d'été. Le soleil était encore haut dans un ciel sans nuage. Les gendarmes transpiraient dans leurs tenues d'été. Ils enlevèrent leurs képis. Les quatre glaces latérales de la Juvaquatre furent baissées. Leurs narines sentaient la bonne odeur du foin coupé. Ils croisèrent une charrette chargée jusqu'au faîte, tirée par deux bœufs blancs.

- Quelle lenteur fit l'un d'eux !

- Regardez-les bien. Encore une dizaine d'années et le progrès aura effacé ce touchant tableau !

La position de passager, assis à côté du chauffeur était propice à la réflexion de l'enquêteur en chef :

- Et si l'assassin était arrivé en barque, en partant de la presqu'île de Laussac ? Ou d'ailleurs ? Bon, il n'est pas encore tard. Tous les trois, vous allez à la presqu'île de Laussac… Vous interrogez les habitants, les patrons des hôtels ; vous recensez les propriétaires d'embarcation. Vous notez les barques laissées ou abandonnées sur le rivage…

Il était dix-sept heures environ. Les trois adjoints firent la moue. Il y eut des murmures. Aller à la presqu'île de Laussac, interroger le maximum de personnes, et revenir par ces routes sinueuses, signifiaient rentrer très tard…

- Oui, je sais, vous allez rentrer tard. Certaines épouses ne seront pas contentes. C'est ça, être gendarme ! Georges, toi, tu étais de repos… Tu es libre ! Je te remercie d'avoir participé à l'enquête un jour de congé ! Vous deux, vous y allez… Le crime a eu lieu hier. C'est maintenant qu'il faut savoir recueillir les témoignages de la veille… Demain ou après-demain, il sera trop tard… Les témoins se seront éloignés ! Certaines preuves seront déjà effacées !

L'AUTOPSIE DU DOCTEUR BARBICHOU

Franck gara la juvaquatre dans la cour de la gendarmerie. Gallinérac se précipita à la morgue improvisée... Il fut surpris par une odeur bizarre qui s'échappait par la porte entrouverte. Il entra. Barbichou était à l'œuvre. Une pipe calée entre ses dents, il exhalait le parfum caramel du tabac Amsterdamer. Un écarteur était disposé entre deux bords du sternum qu'il avait scié.

- Je l'ai ! fit-il.

Il tenait entre ses doigts la petite balle. Elle était maculée de sang en décomposition. Il l'essuya soigneusement avec un chiffon, et la tendit à Gallinérac. Celui-ci renifla en interrogeant du regard le médecin :

- L'odeur ? Mélange subtil d'eau de Cologne du Mont Saint-Michel, d'Amsterdamer et d'exhalaison de cadavre ayant « mariné » vingt-quatre heures dans les eaux limpides du lac de Sarrans, fit en plaisantant le praticien.

Gallinérac saisit la balle du bout des doigts. Barbichou continua :

- En attendant la voici. Je l'ai eue et ça n'a pas été facile… Outre la paroi thoracique, elle a traversé la plèvre, la partie inférieure du poumon gauche et est allée se loger dans le ventricule gauche. La mort n'a pourtant pas été instantanée car il est tombé dans le lac - ou on l'y a poussé - et il a respiré de l'eau… très certainement en agonisant…

Gallinérac examinait la balle :

- C'est une balle de 7.65 ! Le calibre le plus répandu… Tout le monde, ou presque, peut posséder ce genre de pistolet ! Cela ne va pas beaucoup m'aider !

- En ce qui me concerne, j'ai fini mon travail ! Je referme et le rhabille. Je vous consigne par écrit mes constatations…

Gallinérac, désabusé, les épaules tombantes, regagna son bureau. Il rangea la balle dans le sac des pièces à conviction. Il attendit un peu, espérant que ses collègues allaient rentrer. La pendule tournait.

- C'est vrai, la presqu'île de Laussac n'est pas à côté. Ils ont dû mettre le doigt sur quelque chose !

Il se décida à monter chez lui, certain de se faire morigéner par son épouse pour ses horaires imprévisibles, avec toujours dans le cœur, l'espoir intense de pouvoir bientôt coincer le criminel.

Il finissait son dessert quand il entendit le moteur de la voiture de service vrombir dans la cour. Les ombres de la nuit recouvraient le village. Ses deux sbires souriaient. Il descendit l'escalier quatre à quatre :

- Du nouveau, les gars ?

- Nous ne sommes pas totalement bredouilles. Monsieur Bretac, commerçant à Aurillac, est en vacances dans sa maison de famille. Il avait attaché sa barque à un saule de la rive, à gauche de la plage, samedi en fin d'après-midi. Il l'a retrouvée sur la grève dimanche après-midi quand il a voulu emmener sa femme et ses deux enfants faire un tour sur le lac.

- Ce qui peut accréditer la thèse que le criminel est passé par la presqu'île de Laussac pour accomplir sa basse besogne !

- D'autres constatations ? Pas de véhicules particuliers ?

- Si beaucoup trop !

- Hier était un dimanche d'été ensoleillé. Ce fut une affluence record dans les deux restaurants, comme il en existe peu dans notre région… de même que sur la plage. Des familles, des enfants, beaucoup de monde, des gens qui avaient faim et qui voulaient goûter à la fameuse tarte aux myrtilles de la presqu'île de Laussac ! C'est difficile de repérer un criminel dans cette foule !

- Personne n'a entendu de coup de feu ?

- Nous avons posé la question ! Non, ils n'ont rien entendu…

- Vous me ferez un rapport ; on en reparle demain… La nuit porte conseil…

LA NUIT DE L'ADJUDANT-CHEF

Il s'endormit comme un bienheureux, certain que son enquête avançait, que le criminel serait arrêté et bientôt sous les verrous. Le sommeil du juste le berça jusque trois heures trente environ. Il se réveilla en sursaut en proie à une soudaine angoisse, l'impression d'être devant un mur infranchissable, la crainte d'avoir à se mesurer à des évènements qui le dépassaient, la peur de quelque chose d'impossible à régler…

Il s'assit avec précaution sur le bord de son lit pour ne pas réveiller sa femme, se décida d'aller aux toilettes. Il reprit confiance et regarda l'extérieur par la fenêtre du couloir. La pleine lune éclairait la rue déserte et tranquille de même que la cour goudronnée de la gendarmerie. Les gens du bourg sur lequel il veillait, se reposaient paisiblement. Pourtant, parmi toutes ces maisons, dormait… si sa conscience le lui permettait, un assassin…

Il se recoucha et comme il ne pouvait pas se rendormir, il résuma dans sa tête les faits en sa possession : Antonio Da Costa avait été tué par une balle de 7.65 en plein thorax le dimanche matin vingt-huit juillet. Etant donné la faible puissance de ce calibre et la précision du tir de face, l'assassin était très près de sa cible, trois ou quatre mètres au plus. Il s'était donc approché du pêcheur, très certainement en barque, ce qui prouvait qu'il connaissait les habitudes de sa victime… Personne, du moins à ce stade de l'enquête, n'avait entendu le coup de feu. Cependant, pourrait-on en déduire l'horaire ? Antonio était parti de chez lui à environ huit heures comme sa femme l'avait précisé… Il faut bien trois-quarts d'heure pour descendre au lac par ce chemin escarpé pour un pêcheur chargé de son matériel. Le tir n'avait pu avoir lieu qu'à partir de neuf heures, neuf heures moins le quart ! Il portait encore sa grosse veste quand il a été tué, ce qui prouvait qu'il avait été assassiné de bonne heure, étant donné les chaleurs estivales actuelles. Il est certain qu'au bord du lac, à l'ombre des arbres, la matinée reste fraîche jusque vers onze heures… environ. Voilà pour les faits, se dit-il. Maintenant, qui pouvait en vouloir à ce point à Antonio ? Il y avait bien cette histoire de l'assassinat de Clara Guidicelli le vingt et un octobre 1943. Antonio qui était dans le maquis à cette époque, était-il l'un des tireurs ? Peut-être ! Si c'était le cas, les suspicions se porteraient sur le père Guidicelli… ou son fils, le frère de Clara ? Pourtant, il ne voyait pas ces honnêtes paysans commettre un tel méfait. Depuis qu'il était gendarme, il avait contribué à élucider trois crimes. A chaque fois le mobile était évident et le criminel tout désigné. D'ailleurs, ceux-là s'étaient dénoncés d'eux-mêmes dans deux cas sur trois. Dans ce cas présent, c'était un peu la même chose. Il suffisait de mettre une pression maximum, d'aller arrêter le père Guidicelli à la première heure et d'obtenir des aveux instantanés… Il se ravisa… Non ! Ce raisonnement était trop simpliste. Il devait au moins savoir si Antonio était bien un des assassins de Clara… Il ne pouvait pas décemment arrêter Mario Guidicelli, propriétaire du domaine de Beauregard sur des déductions simplistes. Cette décision était trop lourde de conséquences d'autant qu'il connaissait bien ce paysan-châtelain comme un brave et honnête homme. A la moindre bévue, la presse et la vindicte populaire le cloueraient immédiatement au poteau… Si l'accusation et les faits ne tenaient pas, la honte retomberait sur lui et sur la brigade de gendarmerie tout entière ! Il fallait par conséquent étayer cette hypothèse avant d'agir !

- Oui, c'est ça, se dit-il à voix haute. D'abord être certain qu'Antonio Da Costa était un des tireurs du vingt-et-un octobre 1943.

Il chercha dans sa mémoire parmi les résistants du canton qui pourrait-il interroger pour recueillir de précieuses informations sur ce crime enterré, du moins pour le moment, pour des raisons de libération et de pacification des esprits. La plupart étaient dispersés, certains étaient morts. Une étincelle jaillit soudain de sa mémoire. Le fils du gérant du magasin Casino, Pierre Cazes. Il était maintenant directeur de l'école de Saint-

Amans-des-Cots… Il songea : nous sommes le trente juillet … Il n'est sûrement pas chez lui. Néanmoins, je tenterai de le rencontrer ! Je le surprendrai demain, chez lui à Saint-Amans… Lui, seul peut me donner ce renseignement…

Cette résolution apaisante lui permit de se rendormir…

LE TEMOIGNAGE DE PIERRE CAZES

L'adjudant-chef Gallinérac connaissait bien Pierre Cazes. Il irait le voir en ami. Il mit ses vêtements civils, ceux des dimanches de promenades avec ses enfants. N'ayant pas encore de voiture personnelle, il fut obligé de prendre le véhicule de service. En conduisant avec précaution sur cette route en lacets, les réflexions suivantes lui venaient à l'esprit :

- Ce serait mieux qu'il me parle du maquis spontanément… Je dois arriver à savoir quels sont les tireurs de ce guet-apens… sans poser la question. Cette information me sera utile si le procureur décide de rouvrir le dossier de ce « Crime sans châtiment » … Aujourd'hui mardi, Pierre Cazes doit être informé de la mort d'Antonio.

Le village était calme. Quelques commerçants ouvraient leurs boutiques. Il frappa à la porte du logement de l'école. Pierre vint lui ouvrir.

- Vous avez de la chance ! Nous nous apprêtions à partir chez les parents de ma femme… Ils habitent désormais à Rodez….

- Je suis venu en ami… Vous êtes certainement informé de l'assassinat d'Antonio Da Costa. C'était un de vos amis ?

- Oui ! Je viens de l'apprendre chez la boulangère en allant chercher le pain… Les gens ne parlaient que de cet évènement. Quel drame ! Je suis encore tout retourné… Mais entrez donc !

- Je ne voudrais pas perturber votre départ !

- Le décès d'un ami est plus important !

Ils entrèrent. Françoise salua le gendarme. Elle l'estimait beaucoup. Il fut gratifié de son plus charmant sourire. Le gendarme ne fut pas insensible aux charmes de cette jeune femme dont la robe légère soulignait toute sa féminité. Pierre reprit :

- Asseyez-vous ! Prendrez-vous une goutte de Grenache ? Mes parents m'ont raconté qu'en 1943, en novembre peut-être, « Vichy » vous avait donné l'ordre de les perquisitionner à ma recherche car j'étais un réfractaire du S.T.O. Tout s'est arrangé devant un petit verre de Grenache !

- C'était une période difficile pour tout le monde ! Je savais que « l'Etat français » se déshonorait en collaborant avec le Reich. Il y eut beaucoup de ces missions que nous avons effectuées a minima. Nous avons touché le summum du déshonneur quand j'ai reçu l'ordre d'arrêter la famille Abraham ! Là, j'ai dit : « Pas question ! » Le soir, j'ai revêtu mes habits civils et je suis allé les prévenir de se sauver au plus vite… Bien sûr à l'époque, on ne savait pas la destinée exacte de tous ces pauvres gens que les nazis déportaient. On pensait qu'ils allaient dans des camps de travail. Beaucoup se doutaient qu'ils n'en reviendraient jamais… Quand on sait maintenant ce que la famille d'Abraham serait devenue ! Une famille composée d'un garçon, d'une fille, d'une femme et d'un homme ! C'est la bonne action, la meilleure que j'aie faite et que je pourrais faire dans toute ma carrière ! Je n'en ferai plus de telle et c'est tant mieux ! Sauf peut-être celle d'arrêter un assassin !

- Oui, j'ai appris ce matin l'odieux crime de la ferme du Puech. Les réfugiés « républicains », anciens de la guerre d'Espagne, nous ont rejoints très tôt pendant l'été quarante-trois. A cette époque s'est réellement constitué le groupe du « bout du monde » ! Avec l'invasion de la zone Sud et les lois de persécutions de Vichy, l'effectif grimpa en flèche. Nous voulions nous battre mais la plupart d'entre nous n'avaient aucune formation militaire et ne savaient pas manier de fusils. Nous étions encadrés par un militaire de carrière, le sergent Guitoun et par le capitaine Charlus qui organisait le réseau « combat » à l'échelle de toute la région. L'apport des anciens de la guerre d'Espagne comme Antonio, son ami Salvatore et un Français des brigades internationales, devenu à la libération un journaliste réputé, nous conforta surtout quand des armes nous furent parachutées sur le plateau de la Bastide. Ils nous préparèrent et nous formèrent à la résistance active !

- Qui a décidé de tuer Clara ?

- Vous aussi, vous me posez cette question ? Vous voulez en savoir plus sur cet épisode malheureux !

- On vous a déjà posé des questions à ce sujet ?

- Oui, le père Guidicelli ! Quelques jours après le mariage de son fils Fernando avec Martine Paulhac. Nous avions été invités à la noce avec ma femme. Il est venu me trouver. Il voulait savoir qui avait commandé l'exécution de Clara… qui avaient été les exécutants !

- Qu'avez-vous répondu ?

- Que je ne savais pas ! Que c'était un secret militaire… Les gars du pays ont été écartés d'emblée et Guitoun a choisi des gars « expérimentés. »

- C'est-à-dire ceux qui avaient déjà combattu en Espagne… Le père Guidicelli savait donc qui étaient les exécutants ; Guitoun et Charlus sont morts dans l'embuscade contre l'armée allemande. Par conséquent, les tireurs étaient les trois vétérans de la guerre d'Espagne… Dont Antonio !

- Vous pensez que c'est le père Guidicelli qui a tué Antonio ?

- Je ne sais pas encore… Cette hypothèse reste à étayer… C'est à moi de le savoir ! Tout reste à prouver, bien sûr ! Sauf, si nous obtenons des aveux spontanés.

- Il est impossible que ce paisible et honnête paysan soit devenu un assassin ! Je ne peux pas le croire… même pour se venger de la mort de sa fille, Clara ! Il faut chercher ailleurs… parce que cet homme est bien dans la réalité de la vie présente. Il ne regarde pas dans le rétroviseur et se préoccupe plutôt de l'avenir… C'est l'impression qu'il m'a donné en unissant son fils, seul héritier de son domaine, à la fille Paulhac, les gros fermiers de Cantoin…

- Votre témoignage est cependant intéressant. Il est possible que je vous demande de le confirmer.

Ils parlèrent encore un moment de cette époque riche en évènements. L'heure tournait. Le gendarme remercia ses hôtes et prit congé.

L'étau semblait se resserrer autour de Mario Guidicelli. Le chef Gallinérac était tenté de l'appréhender, menottes aux poignets… C'était la manière forte et expéditive pour obtenir des aveux forcés ou spontanés rapidement… Mais… S'il n'avait rien à voir avec ce crime ? S'il n'avait rien à se reprocher ? Pour accuser cet homme, sa présomption ne suffisait pas. Il fallait rassembler des éléments accusateurs…

Le mieux serait de tâter le terrain c'est-à-dire d'aller l'interroger, presque en toute discrétion, à son domicile. Que faisait-il le dimanche matin ?

Il se disait :

« Je verrai sa réaction… Aura-t-il préparé un alibi ? Je laisse passer la journée. Si c'est lui, il va mariner dans son jus de remords et de peur de finir ses jours en prison… Je le trouverai démonté et usé par l'insomnie demain matin… et presque soulagé d'être arrêté… Pour aujourd'hui, je demanderai à mes sbires d'aller se promener du côté de Beauregard pour voir s'il n'y a pas de signes accusateurs et pour montrer que la maréchaussée est présente et pense peut-être à lui… Pour ma part, j'irai à la presqu'île de Laussac. J'essayerai de rassembler quelques indices, et si possible quelques preuves. »

LA PRESQU'ILE DE LAUSSAC

A quatorze heures, tandis que deux gendarmes ressortaient leurs bicyclettes d'avant-guerre pour aller se promener du côté de la ferme-château de Beauregard, le chef et son adjoint Franck partaient enquêter à la presqu'île de Laussac avec la voiture de service.

- Nous allons porter nos efforts sur les propriétaires des hôtels, puis nous retournerons voir celui de la barque…

- Il ne pourra pas nous en dire plus…

- Sait-on jamais ! Certains détails lui sont peut-être réapparus !

A la sortie de la forêt, au détour de la route, ils aperçurent un joyau de verdure posé au milieu des eaux du lac de Sarrans. Ils y pénétrèrent par un long isthme resserré ne pouvant laisser la place qu'à une route étroite. Cette colline au milieu des flots était coiffée par une chapelle romane du onzième siècle dont on apercevait le clocher d'ardoises grises. Une couronne d'arbres centenaires semblait vouloir la protéger des tempêtes et des bourrasques. Des résidences secondaires très cossues, dites de la belle époque, se distribuaient en cercle tout autour avec leurs jardins d'agrément et leurs terrasses avec vue sur le lac…

Les gendarmes laissèrent leur voiture sur le parking à l'entrée de la presqu'île. Les deux hôtels étaient proches, situés à deux pas l'un de l'autre et finissaient de donner à cet endroit magique, la patine d'un lieu de villégiature unique, prisé de toute la région. La plage de sable fin assez vaste pour accueillir plusieurs centaines d'estivants, s'étendait au pied des hôtels comme la conséquence logique de cette perle magnifique, posée là au beau milieu des flots par des Dieux bienveillants.

L'établissement le plus proche s'appelait « le Grand Hôtel du Lac. » Ce nom était bien pompeux car tout y respirait la simplicité… Les gendarmes gravirent les marches qui les emmenèrent sur une grande terrasse dominant les flots. Ils admirèrent le paysage immense qui s'étendait à perte de vue entre les gorges de la Truyère. Une lumière céleste argentait de fines ondulations la surface des eaux. Gallinérac désigna avec son index le lieu supposé du crime à cinq cents ou six cents mètres en face d'eux. Son collègue approuva de la tête. Ils ne voyaient pas la petite plate-forme de pêcheur fabriquée par Antonio. Elle était cachée par des aulnes et des saules dont le feuillage se penchait au-dessus de l'eau.

La propriétaire, madame Borsac, une veuve gironde au corsage dilaté, en voyant deux gendarmes bavarder sur sa terrasse, accourut :

- Ah ! Vous voilà ! Vous revenez certainement pour l'enquête ! Asseyez-vous ! Vous prendrez bien quelque chose… C'est offert de bon cœur par la maison ! dit-elle en arborant son plus fier sourire !

Les gendarmes se regardèrent :

- Pour moi ce sera un demi ! fit Franck.

- Et moi, un café.

Quelques minutes après, madame Borsac amena les consommations. Elle s'assit en face des gendarmes, dos au lac.

- Que puis-je vous dire pour vous aider ? Nous avons eu une journée très chargée avec mes serveuses. J'avais engagé le charcutier de Thérondels pour m'aider à la cuisine dès le samedi soir. Toutes mes chambres, au nombre de huit, étaient occupées…

- Qui étaient ces gens ?

- Des estivants ordinaires, si on peut dire… Je leur ai fait remplir leurs fiches et vous pouvez les consulter. Je vais vous les chercher.

Elle leur rapporta une pile de fiches. Gallinérac sélectionna celles du samedi soir, veille de l'assassinat.

- Vous pensez que le criminel a dormi dans mon établissement ?

- Sait-on jamais ?

Gallinérac lisait les fiches. C'étaient des couples en provenance du Cantal ou de l'Aveyron. Il y avait une famille de trois enfants.

- Oui, je les ai installés dans la grande chambre située dans le coin au premier étage. Il y a deux grands lits !

L'adjudant-chef tomba en arrêt devant une fiche :

- Tiens un célibataire ! fit-il. Monsieur Gaillard Robert, domicilié à Rodez, cinquante-six rue de la Harpe. Bizarre ! Tu connais la rue de la Harpe ?

- Non !

- Nous ferons vérifier cela par la brigade de Rodez. Comment était-il, ce monsieur Gaillard ?

- Fort gentil et discret ! Il parlait mal le Français avec un fort accent que j'ai cru des Pyrénées… Il employait des mots de patois quelquefois… C'était drôle ! Je tenais mon sérieux pour ne pas le vexer ! Mais, j'avais envie de pouffer de rire…

- Comment était-il ?

- Brun, l'œil noir… de taille moyenne, mais élancé et élégant… Un peu plus grand que vous, dit-elle en désignant Gallinérac ; beaucoup moins que vous en s'adressant à Franck. Il m'a paru très jeune, pas plus de vingt-cinq ans. Il avait une tenue de week-end, décontractée, pantalon de velours marron et chemisette blanche… Il portait une fine moustache noire au-dessus des lèvres… Il avait toujours un livre à la main…

- Avez-vous vérifié son identité ?

- Non, comme ce n'est pas obligatoire, on ne le fait jamais !

- Bien sûr ! Par conséquent, ce qui est marqué sur la fiche peut-être tout à fait fantaisiste, surtout si on veut cacher les raisons inavouables de son déplacement… Les fiches d'hôtels ne servent plus à rien !

Les gendarmes finirent leurs verres. Gallinérac était perplexe. Cette fiche l'intriguait. Il alluma une cigarette. Après un moment de silence, il revint sur la question :

- A quelle heure a-t-il pris son petit-déjeuner ?

- C'est moi qui les sers le matin à partir de sept heures trente. Quand je suis arrivée en salle, il était déjà là, assis dans le coin, à côté de la fenêtre. Il regardait le lac.

- Vous n'avez rien remarqué de particulier dans son attitude ? Était-il nerveux, impatient ?

- Non ! Il m'a paru très calme, très aimable et poli ! D'une politesse désuète par rapport à la moyenne de nos clients qui sont plutôt exigeants ! … Je veux dire une déférence un peu exagérée…

- Bien, un honnête citoyen semble-t-il ! Je vous remercie.

Gallinérac continua d'éplucher les fiches. Il les passait ensuite à son collègue.

- Rien de particulier, conclut-il. Je garde la fiche de cet étrange monsieur Gaillard ! Elle m'intrigue ! Ne sait-on jamais ? Nous allons enquêter ailleurs.

Ils sortirent et se dirigèrent vers l'hôtel dit « de la Presqu'île de Laussac. » Il était tenu par un couple de quinquagénaires charmants et affables. Leur aspect « enveloppé » donnait confiance sur la qualité et l'abondance des repas servis dans leur restaurant. Ils se prêtèrent de bon gré à toutes les questions des enquêteurs. Quand ils sortirent, il était tard. Gallinérac et Franck décidèrent de rentrer.

- Alors, qu'en penses-tu ?

- Pas grand-chose… A part, ce monsieur Gaillard. Cette fiche excite ma curiosité. Un homme jeune de Rodez parlant très mal le Français, c'est étrange… Le nom et l'adresse sont à vérifier… Je ne serai pas étonné qu'ils soient fantaisistes… c'est-à-dire qu'il ait menti sur son identité… Pour quelle raison ?

- Moi, aussi, cette fiche m'a étonné ! Quelque chose ne colle pas. Elle sent le mensonge. C'est peut-être un fantaisiste qui n'a pas envie de dévoiler son identité ou qui est contre ces fiches de police qui rappellent l'époque de Vichy !

LE SECOND ETRANGE CRIME

Le lendemain matin, Gallinérac réfléchissait seul dans son bureau ; il pesait le pour et le contre… En homme d'action, toujours sur la brèche, la tentation d'agir le tenaillait, quand le téléphone sonna :

- Allo, ici, gendarmerie de Laguiole, chef Kerdrac à l'appareil.

- Salut Joseph ! Gallinérac !

- Tu en es où ? Dans ton enquête sur le crime du lac de Sarrans ?

Gallinérac n'eut pas le temps de répondre, sans attendre son collègue enchaina :

- Nous avons découvert un second cadavre hier soir à la tombée de la nuit : Un maçon. Il finissait une maison sur la route d'Espalion à Laguiole. Sa femme a donné l'alerte vers vingt heures. Il aurait dû être rentré depuis au moins une heure ! Un nommé : Salvatore d'Ordona… Assassiné d'un coup de feu en pleine poitrine…

Gallinérac était tellement saisi par ce nouveau meurtre qu'il en demeura pétrifié un moment à l'autre bout du fil. Au bout de quelques instants, il bredouilla :

- Mais… C'est un crime tout à fait identique à celui d'Antonio Da Costa ! D'ailleurs ils sont parents… Ce sont des beaux-frères : la femme d'Antonio est la sœur de Salvatore… Ils ont la même origine ! Ce sont des « républicains » espagnols… réfugiés en France depuis 1939.

- Tu penses que ces deux crimes sont liés entre eux ?

- Je le crains ! Le scénario est identique ! Je pense que l'assassin est le même ainsi que le mobile…

- Lequel ?

- Règlement de compte, vengeance ou quelque chose d'analogue ! As-tu interrogé sa femme ?

- Elle ne voit pas de motif particulier. Salvatore était sérieux dans son travail, pas d'embrouilles, de conflit de voisinage, ni d'histoire d'amour… connus… pour l'instant…

- Un mari jaloux ? Non, il n'y aurait pas deux crimes analogues…

Soudain, une angoisse terrible secoua l'adjudant-chef Gallinérac. Elle lui tordit le ventre et monta en saccades prolongées dans tout son corps. Il se dit : « j'ai fait une grosse connerie ! J'aurais dû l'arrêter hier matin ! J'aurais évité ce second crime. Par ma faute une seconde famille est endeuillée ! » A l'autre bout du fil, le gendarme s'étonna de ce long silence…

- Allo, Gérard ? Tu es toujours là !

- Excuse-moi ! Je réfléchissais. Je crois que je tiens l'assassin et son mobile… Ecoute, continue ton enquête, rassemble des indices, des preuves. Je suppose que l'autopsie est programmée… Comme pour le crime du lac, on devrait retrouver une balle de 7.65. Ce qui nous confortera que c'est le même assassin qui a tué ces deux hommes… Interroge les voisins et l'entourage ! Mon suspect a une traction Citroën noire… Demande partout si, hier, dans l'après-midi, une voiture noire n'a pas été vue dans ton bourg… si elle n'a pas stationné à proximité du lieu du crime. De mon côté je vais interroger tout de suite mon suspect et je te rapporte le plus tôt possible mes conclusions…

Ils raccrochèrent. Gallinérac était secoué. A vouloir trop attendre, à vouloir trop rassembler un faisceau de preuves avant d'appréhender le suspect, par sa faute un autre homme était mort. Il allait de ce pas arrêter le coupable !

Son adjoint était derrière le comptoir d'accueil. Par la porte entrouverte du bureau, il avait tout entendu et tout compris de cette conversation.

- Franck ! Tu es prêt ? En route pour Beauregard. Je suis persuadé que l'assassin est le père Guidicelli !

- Tu es sûr ? Cet honnête paysan, ce riche châtelain aurait assassiné deux hommes ? Si c'est lui, ça va faire du bruit dans le canton !

- L'être humain est ainsi fait ! On est un honnête homme, bon père de famille, travailleur etc. Tout… Bien comme il faut, ceci pendant quarante ans ou plus ! Un jour, on devient un assassin pour un motif banal, comme… surprendre sa femme au lit avec un voisin ! Ou un banal conflit de voisinage ou de chasse ! Dans ma vie de gendarme le crime qui m'a le plus marqué est celui du gamin Lavassérac. Tu n'étais pas encore ici. C'était en trente-huit… Le père Lavassérac était un grand alcoolique qui battait sa femme et ses enfants. Un soir, éclate une violente discussion entre le père et le fils aîné. Celui-ci fendait du bois dans leur bûcher. La mère accourt pour protéger son rejeton. Voilà que le père Lavassérac gifle sa femme ; déséquilibrée, celle-ci tombe à terre ; le père dans un état d'ivresse important, comme toujours d'ailleurs, frappe sa femme à terre en lui donnant de grands coups de pieds dans le ventre. L'adolescent excédé devant tant de violence inutile et répétée, âgé seulement de dix-sept ans, assène un grand coup de hache sur la tête de son père. Celui-ci décède dans la soirée... L'assassin était connu comme l'être le plus doux, le plus angélique, bien noté partout, à l'école comme par son employeur… Il a bénéficié, lors du jugement, de circonstances atténuantes… Il n'empêche qu'en un quart de seconde un garçon connu comme le plus gentil des garçons dans tout le village, est devenu un criminel…

Ils accrochèrent leurs armes de service à leurs ceinturons et sortirent de la gendarmerie. La Juvaquatre démarra au quart de tour.

- Bon ! Assez tergiversé ! Le moment d'agir est arrivé, commenta l'adjudant-chef en ajustant son képi, ce qui signifiait qu'il allait jouer une partie particulièrement ardue…

L'INTERROGATOIRE

Ils prirent la petite route empierrée de Bénaven. Franck conduisait doucement en évitant les ornières. Un orage dans la nuit avait transformé celles-ci en flaques d'eau. Ils se taisaient. Des traits anxieux et concentrés se dessinaient sur leurs visages. Ce n'était pas une mince affaire que de confondre le père Guidicelli ! Ce propriétaire terrien jouissait d'une solide réputation d'homme coriace.

Quand ils arrivèrent au-dessus du château de Beauregard, ils s'arrêtèrent un instant devant la magie des lieux. Le château de Beauregard avec sa tour carrée, son toit de lauzes grises aux reflets verts, se détachait majestueux dans le ciel d'azur. Au loin, à perte de vue, on apercevait les falaises des gorges de la Truyère. De vertes prairies entouraient le bâtiment principal et les annexes. Des chevaux en liberté paissaient, galopaient ou trottaient dans une pâture. De ces lieux, émanait une telle sérénité que les gendarmes hésitèrent… Était-il possible qu'un assassin se niche dans cet écrin de verdure d'une telle beauté ? L'homme de devoir, Gallinérac, ne faiblit pas :

- Allez ! On y va !

Franck sentit dans cette fermeté du ton une nuance de regret ou de doute… « Oui, le devoir avant tout » se dit-il en lui-même et il engagea la Juvaquatre dans la descente caillouteuse.

Ils s'arrêtèrent dans la cour pavée juste devant la porte-fenêtre grande ouverte. Il faisait encore frais ce matin-là. Un orage salvateur avait abondamment arrosé la campagne pendant la nuit. Malgré tout, la journée se promettait d'être chaude. Les portières claquèrent. Le père Guidicelli les attendait sur le pas de sa porte. Il les avait vus descendre par le chemin :

- Tiens, la maréchaussée ! dit-il à sa femme. Que nous veulent-ils ?

Il les accueillit les mains dans les poches, un large sourire aux lèvres :

- Que me vaut la visite de la maréchaussée par ce beau matin d'été ?

Gallinérac était bien décidé à mettre le plus de formalisme et de politesse possible. Il s'approcha à pas lents et lui tendit la main :

- Bonjour, monsieur Guidicelli ! Nous voulions vous parler. On peut entrer ? Ce ne sera pas long.

- C'est toujours avec un grand plaisir que je reçois les représentants de la loi.

Les gendarmes suivirent le maître des lieux, et entrèrent derrière lui dans la pièce principale du « castelou. » C'était la première fois que Gallinérac et son adjoint pénétraient dans cette immense salle voûtée. Quelle ne furent pas leur surprise devant une telle magnificence et, à la fois, par contraste, une telle rustique simplicité ! Cette pièce était imposante par sa longueur, sa largeur et, aussi par sa hauteur. La voûte au-dessus d'eux culminait bien à cinq mètres. On remarquait deux grandes suspensions, sorte de lustres à l'ancienne, à six ampoules rendues nécessaires pour vaincre la pénombre de cette immense salle. Dans le fond, une grande cheminée avec un « cantou » de chaque côté du foyer, trônait en majesté. Une longue et lourde table de chêne occupait le milieu de la salle pavée de grandes dalles grises. Les murs en pierres apparentes, étaient décorés d'armes anciennes : épées et lances, pistolets à grenailles. Une armure « d'époque » semblait diviser la pièce en deux. Quatre fusils de chasse sur leur portant, appartenant au maître des lieux, étaient suspendus juste à côté.

Mario Guidicelli invita ses hôtes à s'assoir sur de grandes chaises Renaissance, distribuées autour de la table. Gallinérac s'éclaircit la voix et déclara :

- Vous avez certainement su qu'un certain Antonio Da Costa de la ferme du Puech a été tué dimanche matin.

- Eh ! Oui, on ne parle plus que de ça dans le pays !

- L'ennuyeux c'est que son ami et beau-frère Salvatore d'Ordona, maçon à Laguiole, a été tué hier soir, selon le même scénario…

- Ce n'est pas Dieu possible ! Je ne le savais pas encore !

Gallinérac haussa le ton :

- On se demande quand… de tels agissements vont cesser ! Si demain, on ne va pas déplorer un troisième assassinat !

- Que voulez-vous dire ? Je déplore, comme vous, que de tels meurtres puissent se produire dans notre région d'ordinaire si paisible. Vous ne me soupçonnez pas d'être l'assassin de ces deux hommes ?

- Si, en quelque sorte !

- Vous êtes fou ? Je vous affirme que je n'ai rien à voir avec ces deux crimes !

- Nous avons cependant enregistré le témoignage d'un certain Pierre Cazes qui vous accuse formellement !

- Comment a-t-il pu vous dire ça ? C'est impossible !

Il y eut un moment pesant de silence. Gallinérac ne quittait pas des yeux son interlocuteur. Son regard intransigeant semblait lui dire : « Le mieux est d'avouer tout de suite ! »

Le père Guidicelli accusait le coup ! Tremblant, il réfléchissait comme poursuivi par le regard sévère des deux gendarmes. Il restait muet, comme prostré par la gravité de l'accusation… ne trouvant pas les mots suffisamment convaincants pour se disculper…

Gallinérac saisit les menottes retenues à sa ceinture. L'accusé se leva, comme prit d'un mouvement de panique. Un cri de bête sauvage s'échappa de sa gorge :

- Ah ! Non ! Pas ça !

Il se rapprocha instinctivement de ses fusils de chasse accrochés au mur, derrière lui. Franck eut un mouvement de la main droite, comme un réflexe. Elle s'approcha vers l'étui de son arme de service. Il le dégrafa et mis sa main sur la crosse.

Mario Guidicelli comprit la gravité de la situation. Il se ressaisit… se calma. Il se rassit et déclara d'une voix tonitruante :

- Non ! Ce n'est pas moi ! Vous n'avez pas le droit de me passer les menottes sur un simple soupçon… C'est vrai ; je suis allé voir Pierre Cazes dans son école de Saint-Amans-des-Côts. Je voulais savoir qui étaient les assassins de ma fille. D'après ce que j'ai conclu, c'était, en effet, ces deux-là, ainsi qu'un troisième des brigades internationales dont j'ignore tout ! Mais, ce n'est pas moi qui les ai tués. J'en ai eu, peut-être, l'intention ! Je ne l'ai pas fait ! Je vous le jure ! J'ai réussi à dominer mon désir de vengeance…

- Votre mobile est évident ! Vous vous êtes vengé de la mort de votre fille, assassinée par des maquisards le vingt et un octobre 1943. Vous en avez déduit après votre visite chez Pierre Cazes, malgré le secret qui a toujours entouré cette affaire, que les exécutants étaient bien eux, les résistants d'origine espagnole.

- Vous m'accusez sur ce simple raisonnement ? Avoir envie et passer à l'acte, ce n'est pas pareil ! Non, je ne suis pas un assassin ! Je vous réaffirme que je n'ai pas tué ces deux hommes !

- Je ne constate qu'une conséquence logique. Pierre Cazes vous a livré suffisamment de renseignements pour que vous soyez sûr que les assassins de votre fille sont Antonio et Salvatore. Sans plus attendre, seulement quelques jours après, vous passez à l'acte : vous les tuez d'une balle dans la poitrine, tirée presque à bout portant !

- Non, faut-il vous le répéter cent fois ; je vous le jure sur la tête de ce que j'ai le plus cher au monde, la tête de ma femme, celle de mon fils : je n'ai jamais tué personne, encore moins ces deux-là !

- Dans ce cas, dites-moi ce que vous faisiez dimanche matin !

- Dimanche matin ? C'est très simple ! C'était un jour de congé. La fenaison ici, à Beauregard, était finie depuis quelques jours. La majorité du troupeau est à l'estive sur l'Aubrac… Nous nous sommes levés tard avec ma femme, c'est-à-dire vers huit heures ; nous avons pris le petit-déjeuner et avant de partir vers dix heures et demie pour la messe de onze heures à Sainte Geneviève, nous avons fait le tour de la propriété. Nous en avons profité pour aller nous recueillir sur la tombe de notre fille qui est enterrée, comme vous le savez sûrement, au côté d'André Paulhac dans le cimetière de Beauregard, situé à trois cents mètres en contre-bas de la bâtisse… Nous sommes partis en automobile. J'ai déposé ma femme devant l'église ; j'ai garé ma voiture sur la place du village et je me suis rendu au « café de la place » où j'ai discuté avec mes connaissances. Vingt ou trente personnes m'ont vu et pourront en témoigner, en particulier madame Bors, la propriétaire, et monsieur Paulhac dont la fille est mariée avec mon fils…

- Bien, nous allons vérifier cet alibi ! Et hier, mardi après-midi ?

- Hier, j'ai aidé les Paulhac à rentrer leurs foins. Je suis parti dès le matin avec mon tracteur et une remorque. Avec mon ami et mon fils, qui habite la ferme du Quié, et deux saisonniers, nous avons engrangé la fenaison jusqu'au soir. Nous avons mangé tous ensemble à la ferme Paulhac de Cantoin le midi et le soir. Je suis rentré à la nuit tombante… Ma femme, qui est présente, vous confirmera mes dires !

Sa femme approuva d'emblée, sans l'ombre d'une hésitation :

- Tout ce que dit mon mari est rigoureusement exact !

Une moue de doute était peinte sur le visage des deux gendarmes. Elle semblait vouloir dire : « Vous savez… j'en ai connu, des voleurs qui avaient seulement emprunté, des recéleurs qui ne savaient pas… et des assassins qui n'avaient pas tué ! » Cependant, la conviction de l'adjudant-chef était ébranlée par tant d'assurance et de justesse de ton. Il hésita… « Je pourrais l'emmener en garde à vue, menottes aux poignets, l'interroger pendant quarante-huit heures… et le faire avouer de force ! » Sa conscience lui conseilla : « Ce serait outrepasser le droit. » Il se résolut à dire :

- Très bien ! Nous allons vérifier vos alibis… Ils ont tout intérêt à se révéler exacts… Sachez que s'ils se révèlent inexacts, au moindre doute, je ferai preuve de la plus grande sévérité, et vous emmènerai menottes aux poignets…

Le père Guidicelli que l'émotion avait rendu cramoisi, répondit… enfin, soulagé…

- Je suis tranquille… Tout ceci est rigoureusement exact… Vous n'aurez pas à revenir !

Les gendarmes sortirent bien décidés à vérifier les affirmations de leur suspect. Ils étaient un peu déçus. Ils avaient l'impression d'être floués, d'avoir perdu une partie de poker menteur. Ils remontèrent dans leur voiture de service bien décidés à prendre leur revanche sans tarder.

- Tu y crois… Toi ? à ses alibis ?

- A peine ! Je n'ai pas eu le cœur à l'appréhender. Il m'a paru sincère… Nous allons tout de suite vérifier en allant boire une petite mousse au café de la place !

- Un peu de détente nous fera du bien après ces instants d'émotion intense…

- Tu as craint que ça tourne mal ? J'ai vu ton geste…

- Oui, quand il s'est rapproché de ses fusils de chasse…

- C'est le genre de bonhomme à avoir toujours un fusil de chasse chargé à la portée de la main !

- C'était à deux doigts de l'affrontement.

- On aurait eu une bonne raison de l'arrêter !

VERIFICATION DES ALIBIS

Quand les gendarmes pénétrèrent au café de la place, le silence se fit immédiatement. Les consommateurs cessèrent leurs conversations comme s'ils avaient quelque chose à se reprocher d'un point de vue légal ou comme s'ils élaboraient un complot contre l'ordre public. Gallinérac et Franck ne s'en émurent point, habitués qu'ils étaient à ce que leurs uniformes suscitent une sorte de méfiance primaire. Ils s'installèrent au comptoir le plus simplement du monde et posèrent leurs képis sans s'intéresser le moins du monde aux regards qui les dévisageaient.

Les clients rassurés reprirent peu à peu leurs conversations dans leurs dos. Madame Bors se précipita, le sourire aux lèvres :

- Bonjour messieurs ! Qu'est-ce que je vous sers ?

- Deux demis feront l'affaire par ces chaleurs estivales !

Les gendarmes transpiraient dans leur tenue d'été.

- En effet ! C'est une belle saison comme on n'en a pas eu depuis longtemps… L'orage de cette nuit a fait beaucoup de bien !

Elle apporta les deux bières. Gallinérac goûta la petite mousse en regardant son collègue d'un ait satisfait :

- Ah ! La première gorgée, c'est la meilleure !

- C'est sublime ! Je ne connais pas de plus grand plaisir par cette chaleur !

Le chef laissa passer un instant puis de l'air le plus anodin demanda à la tenancière :

- Dites, je voulais savoir : Le père Guidicelli, est-il venu dimanche matin ?

- Oui ! Comme tous les dimanches matin !

- A quelle heure est-il arrivé ?

- Toujours pareil ! Vers onze heures, onze heures moins le quart ! Comme beaucoup, vous savez ! Les homélies ne les intéressent guère ! Ils emmènent leur femme à la messe et viennent discuter des affaires, de la sécheresse, des prix du lait ou des veaux en buvant un verre…

- Vous le confirmez ?

- Oh ! Oui, c'est sûr ! C'est l'heure d'affluence ! Au moins trente personnes pourront le certifier aussi !

- Très bien ! Merci !

Voilà qui était clair et net… Les gendarmes, pensifs, savourèrent leurs petites mousses fraîches ; ils s'essuyèrent les lèvres d'un revers du dos de la main, laissèrent la monnaie sur le comptoir et s'éclipsèrent. Leur voiture les attendait, stationnée à l'ombre des marronniers de la place.

- Pendant qu'on y est, nous allons vérifier le second alibi ! Parce que le premier alibi n'est pas parfait.

Pendant que Franck conduisait, Gallinérac était silencieux. Il calculait et recalculait…

- Tu as perdu ta gouaille !

- Je pensais… Son premier alibi est pourri !

- Tu crois ? Pourquoi ?

- Calcule bien. Prenons l'hypothèse qu'Antonio est arrivé sur son lieu de pêche à neuf heures moins le quart. Son tueur l'attend dans une barque, camouflé dans les parages près de la rive ou faisant semblant de se promener. Il s'approche et le descend froidement ! Il retraverse le lac, tire le bateau sur la berge : mettons une demi-heure… Retour : de la presqu'île de Laussac à Beauregard, trois quarts d'heure environ… Calcule ! Il arrive à Beauregard à dix heures, dix heures trente au maximum ! Il a encore le temps de se remettre, de boire un café et d'emmener sa femme à la messe pour onze heures. Le timing est convenable. L'assassin fabrique de toute pièce l'alibi dont il a besoin en se montrant au café aux nombreux consommateurs du dimanche matin. Ce minutage n'est pas trop serré… Dans cette hypothèse, il est cuit le paroissien ! Son alibi est pourri ! Il est fin comme un renard, le père Guidicelli !

- Mais sa femme nous a assuré que…

- Dans un alibi construit d'une manière aussi subtile, elle ne peut pas faire autrement ! Elle est obligée d'être complice ! Je suis curieux de savoir si le couple Paulhac confirme le deuxième alibi…

Le village de Cantoin, perché sur sa colline sous un soleil d'été, aurait pu avoir des allures de village provençal si on avait fait abstraction de ses solides maisons en pierres de pays avec ses toitures de lauzes ou d'ardoises. Tout y était calme. Un camion de livreur était stationné devant le bar-tabac de la place de l'église. Des enfants en vacances jouaient au ballon au milieu de la rue. Ils s'enfuirent à la simple vue de la voiture de la maréchaussée qui s'arrêta devant la ferme Paulhac. Les gendarmes pénétrèrent dans la cour par le porche monumental, toujours grand ouvert. Ils toquèrent à la porte de la maison d'habitation :

- Entrez ! fit la voix féminine de madame Paulhac.

Les gendarmes franchirent le seuil et ôtèrent leurs casquettes en guise de salut et de respect.

- Ben ça alors ! Des gendarmes à la ferme Paulhac ! fit-elle, toute surprise. Il y a bien longtemps que nous avons eu l'honneur d'une telle visite !

- Votre mari est-il là ? Nous voudrions vous poser une question !

- Oui, il doit bricoler quelque chose dans son atelier… Je vous l'appelle !

Elle courut dans la cour et cria par la porte entrouverte :

- Eugène ! De la visite !

Les gendarmes restèrent debout en attendant l'arrivée d'Eugène Paulhac. Quelques minutes après, il était devant eux, les mains tachées par du cambouis :

- Il y a toujours quelque chose qui tombe en panne, dit-il en s'essuyant les mains à un chiffon ! Que me vaut votre visite. Asseyez-vous ! Vous allez prendre racine !

Les gendarmes s'assirent sur le banc près de la table.

- Nous voudrions savoir qui vous a aidé à rentrer votre foin hier, mardi ?

- En voilà une question !

Eugène Pauhac avala sa salive et répondit naturellement :

- C'est bien simple il y avait Mario Guidicelli, son fils Fernando et deux journaliers du pays, Victor et Maurice.

- A quelle heure Mario Guidicelli et son fils sont-ils partis ?

- Vers vingt et une heures... parce qu'il faisait presque nuit ! Nous avons diné ensemble ! Après une bonne journée de travail rien de tel qu'un bon repas... D'autant que c'était le dernier jour de la fenaison, que nous sommes très amis et maintenant presque en famille... puisque nous venons de marier notre fille avec le fils Guidicelli...

- Vous confirmez bien ce que vous venez de déclarer. C'est de la plus haute importance.

- Oui ! C'est la simple vérité !

- Bien ! C'est tout ce qu'on voulait savoir...

- Pourquoi ces questions ?

- Aucune importance ! La routine, quoi ! L'important est dans votre réponse qui me parait claire, nette et sincère !

- Oui ! Pourquoi vous mentirait-on ?

Les gendarmes remercièrent et disparurent. Assis de nouveau dans leur voiture, Ils se livrèrent leurs impressions :

- Qu'en penses-tu ?

- Je pense qu'on a fait fausse route. Il faut chercher ailleurs…

- Si les Paulhac couvraient leurs amis Guidicelli ?

- Non, ce n'est pas possible. Nous ne sommes pas dans une histoire de mafia… Je me fie à leur témoignage… Ils ne peuvent pas mentir. Tu voudrais qu'on vérifie auprès des journaliers, ou du fils Guidicelli ; la ferme du Quié est presque sur notre route ? Elle est à deux kilomètres de la départementale…

- Non, c'est inutile ! N'exagérons pas !

- J'enverrai nos collègues, si tu as un doute…

Gallinérac était déçu, désabusé, déstabilisé. Sa rigueur, sa logique et sa clairvoyance, toutes les trois réunies, qui l'avaient toujours emmené tout droit à l'arrestation des coupables, étaient mises en défaut… Cette enquête s'avérait bien plus compliquée que toutes les autres auxquelles il s'était mesuré dans le passé. Il avait l'impression d'être dans une impasse, devant un mur…

Il reprit rapidement confiance. Rencontrer des difficultés était d'autant plus excitant. Une solution existait forcément. Il y avait un élément qui leur avait échappé, un mobile qu'il n'avait pas compris… Il cherchait… Ils étaient devant deux crimes prémédités. C'était certain… « Quels sont les mobiles des crimes prémédités ? » se dit-il. L'argent ? On n'avait ni volé, ni détroussé Antonio de même que Salvatore. C'était de pauvres gars qui vivaient tant bien que mal de leur travail, sans fortune… Le pouvoir ? Tous les deux étaient des anonymes qui ne revendiquaient aucunes places au soleil, aucun honneur… qui cherchaient à se faire oublier ! Après ce passé plutôt chargé de révolutionnaires anarchistes en Espagne, puis de résistants antinazis en France, ils voulaient se bâtir un avenir de paix et de travail. Qui pouvait leur en vouloir à ce point ? Au point de les descendre froidement d'une balle dans le cœur ? Un éclair lumineux irradia son cerveau. « Si justement, c'était ce passé oublié… qu'on voudrait définitivement mettre derrière soi… parce qu'il n'est pas agréable, qu'il est atroce… plein de cruautés… et si chargé qu'on n'en est pas fier du tout… »

Il y eut comme un point d'orgue dans la pensée de Gallinérac !

- Je crois avoir compris ! déclara-t-il à Franck.

- Quoi ?

- Il faut chercher dans leur passé de militants révolutionnaires. Le mobile, la vengeance, doit provenir de là… Rappelle-toi ! Une fiche du « grand hôtel du lac » nous avait paru étrange… Si c'était lui le tueur ? Cet homme seul à l'accent indéfini, qui parle très mal le Français, ne serait-il pas un Espagnol ? Plus précisément un Catalan ?

- Tu crois ? C'est certain que dans cette hypothèse, sur sa fiche, il ne nous aura pas laissé son nom et son adresse… D'autant que les aubergistes ne sont pas habilités à vérifier la véracité des informations portées sur ces documents… J'ai gardé cette fiche remplie au nom de Gaillard Robert, cinquante-six, rue de la Harpe à Rodez. Je pense que la brigade de Rodez aura vérifié et nous aura fait une réponse… Si nous arrêtons le coupable, il pourra être confondu grâce à l'étude graphologique.

- Nous avons fait fausse route ; il faut reprendre l'enquête au début, réinterroger les épouses… Il y a un mystère, quelque chose qui nous a échappé ou des faits inavouables dans leurs passés qu'on nous a cachés volontairement ou involontairement…

LA NOUVELLE ENQUETE

C'était le jeudi matin, le premier août 1946.

Gallinérac avait mal dormi. Il se leva et s'étira. Ses douleurs dans les épaules se manifestèrent. Il grimaça en pensant : « Je vieillis ! » Il se déplaça jusqu'à la fenêtre du couloir. Le ciel était couvert. Il n'aimait pas ce temps maussade… cette grisaille annonciatrice de pluie. Il avait la tête comme embrumée par des vapeurs d'alcool, des sentiments contradictoires où se mêlaient le doute et la volonté de servir la loi et le droit sans jamais faiblir. Pourtant il était sobre depuis quelques jours, accaparé qu'il était par cette enquête et son devoir d'aboutir à l'arrestation du criminel…

Déjà quatre jours qu'Antonio était mort, et aucune piste sérieuse ne s'ouvrait devant lui. Il craignait de rendre une copie blanche malgré ses efforts, son expérience, la solidité de ses déductions. Il était déboussolé. La piste des « Guidicelli » était trop belle, trop logique. Il s'était fourvoyé sur cette mauvaise hypothèse, par trop simpliste. Elle avait dû être abandonnée ! Sa renommée de sérieux, de fin limier, en prendrait un coup sur cette affaire. Aucun fil d'Ariane ne semblait pouvoir le guider jusqu'au criminel. Sa hiérarchie, le procureur de Rodez allaient bientôt s'impatienter. On lui retirerait l'enquête… Ce serait pour lui la pire honte qu'on pourrait lui faire… Il regarda le téléphone. Il sonnerait bientôt : les premières remontrances de sa carrière tomberaient ! Le plus grand des déshonneurs ! Bref, Son humeur était comme le temps maussade ; Il était découragé, dépressif.

- C'est la dépression du petit jour ! se dit-il. J'ai la tête comme une pastèque ! Pourtant, nous n'avons pas bu avec les collègues, hier soir !

Sa femme lui servit un bol de café fumant. L'arôme arabique en atteignant ses narines eut l'effet d'une drogue… Déjà, il allait mieux… Il l'avala à petites gorgées gourmandes. Les tartines de pain grillé sur lesquelles il étala un peu de beurre finirent de le requinquer… Il sentit soudain ses forces revenir ! Son moral remontait : Aujourd'hui il passera les menottes aux poignets de cet assassin ! Il en fut soudain persuadé ! Ce jeudi premier août 1946 sera le point d'orgue, le summum et le couronnement de sa carrière !

Comment faire ? Quelle direction prendre ? Qui devait-il appeler à l'aide pour débloquer cette situation alarmante ? Au fait, où en sont-ils à Laguiole ? Il décrocha le combiné :

- Allo, gendarmerie de Laguiole, Gallinérac à l'appareil !

- Je vous passe le chef ! fit le jeune gendarme au standard.

- Joseph à l'appareil ! Comment va mon ami Gérard !

- J'irai mieux quand nous aurons arrêté l'assassin d'Antonio et de Salvatore ! Ces assassinats commencent à me saboter le moral… Qu'avez-vous de nouveau ?

- D'abord, l'autopsie de Salvatore a confirmé le décès par balle. C'est une balle de sept soixante-cinq qui a perforé la paroi thoracique gauche, la plèvre, le poumon gauche et a fini sa course dans le ventricule gauche du cœur. Mort quasi immédiate !

- Etonnant ! Exactement la même chose que pour Antonio. Nous avons là un tueur qui opère toujours de la même manière, un peu comme un professionnel. Serait-ce un obsessionnel, un parano ? Surprenant, ce processus ! N'a-t-on pas signalé un échappé de l'asile de Cassiols ?

- Tu penses à un aliéné ?

- Non ! Mais pourquoi pas ? Quoi d'autre ?

- Pas grand-chose. Une empreinte de chaussure bien marquée dans le ciment frais qu'avait laissé Salvatore sur le sol lundi avant d'être tué. Il y a de fortes chances que ce soient les chaussures du tueur. Nous avons vérifié : ce n'est ni le pied, ni le brodequin de Salvatore…

- Bien ! Si on l'arrête, nous pourrons le confondre ! Quoi d'autre ?

- Pour l'instant, c'est tout !

- C'est mince et ça nous laisse sur notre faim ! Pas de voiture suspecte, stationnée près du lieu du crime ?

- Non rien !

- As-tu vérifié les fiches d'hôtel ?

- Non ! A quoi ça sert ?

- Si, j'ai repensé… J'ai oublié de t'en parler parce que ce détail m'a paru insignifiant. A l'hôtel de la presqu'île de Laussac, une fiche m'a étonné : un homme seul, à l'accent étranger, parlant un Français très approximatif. J'ai gardé cette fiche remplie au nom de Robert Gaillard, trente-six, rue de la Harpe à Rodez. J'ai demandé à la brigade sur place d'aller vérifier… Il ne connaisse pas de rue de la Harpe, ni de Robert Gaillard ! D'après madame Borsac, propriétaire de l'hôtel, il s'agit d'un brun de taille moyenne, élancé, jeune au maximum vingt-cinq ans, pantalon de velours marron et veste noire cintrée… visage régulier… une fine moustache brune au-dessus des lèvres.

- Bon, tu as raison, je vais éplucher les fiches des hôtels et interroger les hôteliers pour savoir s'ils n'ont pas eu un client de cet acabit. C'est peut-être la bonne piste... Samedi soir, et seulement samedi soir, cet individu a dormi à la presqu'île de Laussac ?

- Affirmatif ! Au grand hôtel de la presqu'île de Laussac, exactement. La propriétaire est formelle !

- Donc, dimanche soir et lundi soir, il a pu très bien dormir à Laguiole !

- C'est possible !

- Je vérifie et je te tiens au courant ! Est-il toujours dans la région ? Est-il déjà reparti ailleurs ? Mais où ?

- Si tu confirmes cette info, nous demanderons la promulgation d'un avis de recherche avec un portrait-robot dans toutes les gendarmeries de la région !

RENCONTRES

Gallinérac raccrocha le combiné. Dans son for intérieur, il ne croyait pas à cette nouvelle piste. Ainsi un « étranger » au pays serait venu assassiner deux hommes froidement, de face, en leur tirant presque à bout portant une balle dans le cœur. Pour quelles raisons ? Il y avait là un mystère qu'il ne comprenait pas. Il tournait en rond en ressassant cette hypothèse. Ce manque de perspectives l'agaçait.

Il remonta chez lui boire un café. A cette époque les appartements des gendarmes se situaient au-dessus des bureaux, sur deux étages. Ils étaient étroits, vétustes et inconfortables. Les femmes ronchonnaient. Elles couchaient les enfants dans des lits superposés. Juste après la guerre, beaucoup de Français étaient mal logés ou cherchaient en vain un appartement. Être logé apparaissait comme une aubaine, voire un privilège et était un argument de poids dans le choix de sa profession.

Madame Gallinérac connaissait son mari. Elle le sentait nerveux, déstabilisé…

- Qu'est-ce que tu as aujourd'hui à tourner en rond ?

Pas de réponse… Gérard haussa les épaules. Devant son inquisitrice d'épouse, le gendarme n'avait rien à déclarer…

Madame Gallinérac n'apprécia pas le mutisme de son mari. Elle éleva le ton :

- Ecoute ! Tu n'y es pour rien… Tu as peut-être affaire à un tueur en série, un professionnel très bien organisé, qui ne laisse aucun indice et brouille les pistes… A cette heure, il court peut-être à l'autre bout de la France à la recherche d'une autre victime… Je t'en prie, ne te ronge pas le sang ! Vous avez affaire à quelqu'un de plus fort que vous… De plus malin peut-être ! Tu devrais passer la main… et dire au procureur de Rodez que tu es dépassé… Dans certains cas, il n'y a pas de honte à s'avouer vaincu !

Ce genre de discours défaitiste énervait au plus haut point le chef Gallinérac. Pour lui, la loi et le droit avaient toujours raison. Il ne devait pas exister de crime impuni, ni même de délit impuni. Faire respecter la loi était son but suprême… La paix publique ne pouvait régner que dans la loyauté à l'égard du droit et des règlements !

Son épouse avait réussi à le mettre en colère. De plus en plus nerveux, il allait d'une pièce à l'autre, regardait à la fenêtre du couloir, puis à celle de la chambre sans trouver de solution…

- Qu'est-ce que t'as à regarder par les fenêtres… Il ne traîne pas dans la rue ton criminel ! Va faire un tour en ville ! Bouge ! Ne reste pas dans mes pieds… bougonna sa femme.

Il avala sa tasse de café. Elle avait raison : un petit tour de village en ouvrant les oreilles les plus grandes possibles, lui donnerait des idées qui lui indiqueraient la voie à suivre. Il mit son képi, vérifia dans la glace qu'il n'était pas de travers, replaça les quelques cheveux qui dépassaient et sortit. En passant devant le confrère du standard, il fit :

- Rien de nouveau ?

- Non, chef !

Il monta d'un pas très digne la rue principale du bourg. C'était le jour du marché et des véhicules stationnaient en dépit du bon sens. Il n'avait pas envie de sortir son carnet de procès-verbaux. Il pensa : « Non, pas aujourd'hui ! J'ai d'autres soucis en tête… Quand on a un gros poisson à ferrer, on se fout du menu fretin ! »

Il fit le tour du marché. Quand il s'approchait, les conversations s'estompaient, puis cessaient. Il pensa : « ça sent les combines à plein nez ! ça empeste le braconnage et la fraude ! Aujourd'hui je m'en fous… J'ai d'autres chats à fouetter ! » Il serra des mains. Certains baissaient les yeux comme s'ils avaient quelque chose à se reprocher. Ils se méfiaient de la sagacité légendaire de ce gendarme. Pourtant, il tentait d'être amical :

- Comment ça va ? Rien de nouveau ?

- Non !

C'était laconique ! A désespérer tout enquêteur… Il risqua ces quelques mots à une fermière de Vines, venue vendre ses œufs et ses volailles :

- Vous avez bien votre idée sur le crime de la ferme du Puech ?

- Ce n'est pas étonnant ! Vous savez… Ce sont de braves gens, des travailleurs durs à la tâche ; tout ce qu'il y a de plus honnêtes ! Ils ne sont pas comme nous ! Nous avons du mal à les comprendre ! Ils vivent entre eux, ont leur passé, leurs idées…

Il pensa : « toujours les mêmes préjugés à propos des étrangers, quels qu'ils soient ! C'est un pays de retardataires ! »

Son tour de marché ne donnait rien. Il lui restait le café de la place… S'il restait bredouille, du moins les bavardages arriveraient à le distraire…

- Bonjour ! fit-il en entrant.

Il renouvela son stock de cigarettes. « Ma consolation » pensa-t-il… puis s'accouda au comptoir, un sourire bienveillant au coin des lèvres en cherchant un interlocuteur capable d'engager la conversation.

- Un demi, s'il vous plait…

- Alors, cette enquête ? fit la tenancière, madame Bors, aimable et curieuse d'être à la pointe des cancans du village…

- Elle avance à petits pas, vous savez… quels sont les derniers potins ? Qu'en pensent les consommateurs… la vox populi ? J'ai besoin de savoir.

- Beaucoup de choses ! Chacun avance son explication ! Sûr que ça fait jaser dans tous les sens… On s'invective quelquefois. On se dispute souvent ! Pour une fois, il y a un évènement d'envergure dans notre canton.

- Et quelles sont les hypothèses ?

- Je ne saurais vous dire. J'écoute les potins d'une oreille distraite, tout à mon travail pour satisfaire la clientèle !

- Oui, mais quelle est celle qui revient le plus souvent dans les conversations ?

- La première : beaucoup ont pensé que c'était les Guidicelli qui avaient fait le coup. Ils ont été rapidement innocentés… Quoique certains doutent encore et chargent le chariot ! Des jaloux ou des revanchards ! Ils disent qu'ils sont plus malins qu'ils veulent le paraître !

- Eh oui ! Quoi d'autre ?

- D'autres parlent de guerre d'Espagne ! J'avoue que je n'ai pas bien compris. J'avais d'ailleurs oublié qu'il y avait eu une guerre civile en Espagne… Il parait que c'était terrible… Des massacres sauvages, une cruauté innommable des deux côtés !

- Vous pensez ça aussi ?

- Moi ? Je ne pense rien ! Je vous le répète : je ne savais même pas qu'il y avait eu une guerre civile en Espagne ! Nous n'étions pas branchés « politique » dans ma famille. Ce passé ne nous a pas concerné…

Soudain la porte s'ouvrit. L'ensemble des consommateurs tournèrent la tête vers l'entrante…

L'OUVERTURE

Une ravissante blonde, grimpée sur des talons aiguilles s'avança d'un pas qui ne manquait pas d'élégance en oscillant du bassin… Elle s'installa au bout du comptoir. Son parfum capiteux vint taquiner les narines de chacun des hommes présents. Elle se hissa sur le tabouret et se tourna à demi vers la salle. De belles jambes surmontées de cuisses bien en chair, s'exposèrent aux regards amusés et gourmands des clients. Elle alluma d'un air détaché une cigarette américaine. Certaine de son effet, son long regard sous de longs cils noirs observa les consommateurs en paraissant évaluer chacun d'eux. Il s'arrêta naturellement sur le gendarme…

C'était Madeleine. Tout le monde connaissait Madeleine dans le canton, la belle Mado. Elle s'était installée dans le bourg déjà depuis pas mal d'années. Elle habitait avec sa mère une petite maison sur les bords de l'Argence à la sortie du village. Dans les premiers temps, cette jeune femme s'ennuyait beaucoup. Elle s'était offert une traction cabriolet grâce aux revenus de ses activités. Pour compenser l'ennui qui la rongeait, elle emmenait promener les jeunes hommes qui se portaient volontaires… dans sa magnifique décapotable… contre une juste rémunération.

Gallinérac n'hésita pas un seul instant. « Voilà un personnage qui en sait plus long que toutes les polices de France et de Navarre » se dit-il… Il approcha son verre et se hissa sur le tabouret haut à côté d'elle. Un sourire amusé orna le visage de la belle… Hardie et sur ses gardes, elle rompit le silence la première :

- On est de sortie, Monsieur l'adjudant-chef ?

- Par cette chaleur, il faut savoir se désaltérer !

- C'est vrai ! Nous avons une très belle saison ! Vous avez bien raison de vous détendre un peu ; toujours dans votre bureau… à l'ombre quand le soleil darde ses rayons… ça doit être lassant et frustrant !

Elle s'adressa à la patronne :

- Un baby, s'il vous plait, avec deux glaçons ! Mon ami Johnny Walker de préférence ! fit-elle en plissant les yeux d'un air malin et complice…

Il ne fallait pas manquer le moment d'en savoir plus ! Gallinérac se jeta à l'eau :

- Vous qui savez tout ce qui se passe dans notre canton, n'avez-vous pas remarqué un étranger… très brun, parlant assez peu notre langue… avec un accent indéterminé et néanmoins très fort…

- Dites… Vous connaissez un peu en quoi consiste le secret professionnel ?

- Bien sûr… Je m'adresse à une amie, une sorte de confidente !

- Les confidences sur l'oreiller… c'est comme le secret médical ou le secret de la confession ! C'est plus que sacré ! Je ne peux déroger à cette règle !

- Vous pouvez faire une exception… une sorte d'entorse à votre moralité… Disons votre éthique professionnelle, ajouta-t-il avec un brin de malice.

Il y eut un silence gêné de quelques secondes. Le gendarme insista, certain que les obstacles qu'elle mettait à ses révélations n'étaient que provisoires :

- Je veux dire… A votre code de déontologie, fit-il avec un sourire de connivence…

Un ange passa… La belle avait pris un air buté en jouant avec le glaçon dans son verre. Il reprit :

- Une exception exceptionnelle… Seulement dans le cadre de l'enquête sur l'odieux crime de la ferme du Puech… Je pense que vous en avez été informée !

- Aucune dérogation ! Monsieur l'adjudant-chef ! Et vous savez pourquoi ! dit-elle, revêche.

- Non, je ne vois pas ! Pourquoi me parlez-vous avec une telle sévérité ?

- Souvenez-vous… C'est loin, mais je n'ai pas oublié… Vous m'avez verbalisé pour un délit de racolage !

- Ah ! C'est ça ! Moi, je l'avais oublié ! Depuis, il faut le dire, bien de l'eau a coulé sous les ponts de l'Argence… C'était en quelle année ?

- En trente-huit ! Ce procès m'est resté sur le cœur ! Nous venions de nous installer avec ma mère…

Elle mit sa main sur sa poitrine…

- J'ai voulu vous ramener à un peu plus de discrétion… On jasait fort dans certains milieux… puritains, si vous voyez ce que je veux dire ! Du côté de la sacristie… Et même en haut lieu chez des gens bien-pensants… D'ailleurs depuis…. Cette admonestation vous a été profitable… parce que vous n'avez pas eu d'autres problèmes ! Avouez qu'on vous fiche une paix royale !

- Oh ! Je reste sur mes gardes ! Avec la maréchaussée, on ne sait jamais ce qui vous pend au nez !

- Si vous m'aidez, je ferais preuve à l'avenir d'une grande mansuétude à votre égard !

- Vous, et vos sbires ! précisa-t-elle.

- Oui, moi, et mes collègues !

- Vraiment ?

Gallinérac approuva. Elle insista comme si elle sentait cette promesse vaine et sans lendemain :

- Vraiment !

Elle se baissa légèrement pour se gratter la cheville. Le gendarme en profita pour se rincer l'œil. Deux opulentes mamelles apparurent dans le décolleté sous son regard médusé. Il pensa :

- Elle me fait le coup du décolleté… pour voir si je m'empresse de me rincer l'œil : un vieux stratagème de « pro. »

Il leva les yeux vers les bouteilles de spiritueux exposées au-dessus du comptoir.

L'homme ordinaire, le macho dissimulé dans un uniforme, celui qui sommeillait en lui, ne put s'empêcher de formuler en lui-même : « Y'a du monde au balcon ! » et il comprit le succès de cette péripatéticienne !

- Dans ce cas… Si, pour une fois, vous êtes sincère… dit-elle en se redressant…

Elle surveillait son interlocuteur du coin de l'œil… Gallinérac jouait avec son verre de bière. Il avait rougi. Cette longue conversation du chef de la brigade de gendarmerie avec la péripatéticienne du canton ferait jaser. Il avait hâte d'en finir ! Aussi confirma-t-il encore une fois en opinant du chef. Elle reprit lentement en trainant sur les mots :

- J'ai parlé avec un jeune homme brun, très beau, à l'allure sportive. Vous savez peut-être… comment ce genre d'homme me fascine, un peu comme vous… avec la même fine moustache au-dessus des lèvres… monsieur l'adjudant-chef…

- Merci… Je ne savais pas ! répondit-il, flatté.

- C'était drôle cette conversation avec lui ; j'y ai pris mon pied : quelques mots de Français, entrecoupés de mots catalans. Vraiment, de quoi rire ! Je lui ai demandé d'où il était... De Figueras, en Catalogne… Bizarrement, je comprenais certains mots ou expressions qui ressemblent à notre patois. Moi, bien sûr, je ne sais pas le parler. Je l'ai tellement entendu dans mon enfance… jargonné par mes parents et mes grands-parents, et même dans leur café à Paris ! Ils étaient bougnats dans le Marais. « Au Rendez-vous des Auvergnats » était l'enseigne… Des Auvergnats de Paris venaient pour se rappeler ensemble des souvenirs de leurs enfances, mais aussi de la beauté de nos montagnes… et surtout rigoler en patois !

Le gendarme écoutait, fort intéressé. « Comme elle est partie là, elle va me lâcher le morceau ! Il n'y a qu'à attendre ! » se disait-il. Il se contentait de regarder cette femme volubile. Elle s'animait sous ses yeux d'un bleu étrange qui lançaient des éclairs adamantins. Il se retenait d'être admiratif… Elle réfléchit un instant.

- Il m'a dit qu'il aimait beaucoup notre région : les gorges de la Truyère, le lac de Sarrans ! Je l'entends encore avec son accent : « Ah ! Mademoiselle ! Le lac de Sarrans avec cette presqu'île qui s'étend presque jusqu'au milieu… Quel charme ! Comment s'appelle-t-elle déjà ? » La presqu'île de Laussac ! Lui ai-je répondu ! « Oui ! J'oublie toujours ! » fit-il. Il faisait du tourisme… sexuel aussi… si l'occasion se présentait ! Les hommes sont toujours les mêmes quelle que soit leur nationalité ! N'est-ce pas, Monsieur l'adjudant-chef ?

- Vous le savez mieux que moi…

- Vous aussi, peut-être… sous un autre angle, sous un autre déguisement que celui de la gendarmerie…

Elle avala son « baby » d'un seul trait et en commanda un second.

- Je n'aurais jamais pensé avoir une conversation soutenue avec vous ! C'est Gérard, je crois… votre prénom ! Puis-je vous appeler Gérard ?

Il fut surpris et un peu scandalisé de tant de propos amicaux. Comme elle venait de lui révéler la clé de cette enquête, il ne put qu'accepter ce copinage :

- Pourquoi pas !

Ce n'était pas le moment de la figer par un refus. Le gros morceau arrivait… Elle reprit :

- Il m'a demandé : Savez-vous, s'il y a des Catalans installés dans la région ? Sur le coup, je lui ai dit que je ne savais pas ! Dans mon métier, c'est bien d'écouter d'une oreille attentive les confidences des uns et des autres ; il faut savoir se taire, ne pas restituer son savoir. Je dis souvent : « je suis comme une éponge ; j'absorbe toute l'eau et ne la redonne jamais. » Il a insisté ; il a dit : « Rappelez-vous ; des réfugiés de la guerre d'Espagne que, vous, Français, vous appelez Républicains. » Je me suis souvenue d'Antonio, et je lui ai dit qu'il habitait une petite ferme près de Vines dont j'avais oublié le nom. Il m'a dit : » Celui-là, je le connais ! Il y en a deux autres dans le coin à qui j'aimerais rendre visite ! » J'ai cherché au fond de ma tête. C'est vrai que je connais beaucoup de monde… depuis que nous nous sommes installés dans ce bourg, avec ma mère ! J'ai dit : il a un compatriote avec lequel il est ami et peut-être en famille. Il est maçon à Laguiole… Son nom m'est revenu d'un seul coup : Salvatore d'Ordona ! « Oui, c'est ça ! Maçon à Laguiole, je vais lui rendre une petite visite ! » Pensez ! Je ne savais pas que c'était pour le tuer !

- Vous êtes déjà au courant pour le second crime d'hier soir ?

- Oui, un livreur du magasin Casino avec lequel je suis en conversation, viens de me l'apprendre… il y a quelques instants. Il venait de livrer à Laguiole ! Là-bas, on ne parle que de cet odieux assassinat !

Gérard Gallinérac était aux anges. Décidément cette fille savait tout. Il la regardait d'un œil admiratif à tel point que Madeleine pensa : « Je vais ferrer le chef de la brigade de gendarmerie ! Ce sera le scoop dont le journal local ne pourra pas faire sa une, mais dont on va rire dans les chaumières pendant dix ans ! C'est encore mieux que si j'entortillais Monsieur le curé ! » Elle se méprenait. Le chef de brigade Gérard Gallinérac était incorruptible ! Elle reprit d'une voix douce :

- Il a continué : « Dans le coin, travaille un troisième compatriote, lui aussi du même bourg que moi, Figueres… » Ah ! Bon, ai-je répliqué. J'essayais de chercher dans ma mémoire… comme quand on feuillette les pages d'un livre à la recherche d'un chapitre… Mon doigt s'est arrêté sur la fête patronale de Laguiole, l'année de la Libération. J'étais dans le café du centre quand trois « Espagnols » sont entrés bien éméchés en chantant des chansons bizarres dans leurs langues, des sortes de marches militaires. J'ai dit à mon voisin : « Qui c'est, ceux-là ? » En même temps j'ai reconnu Antonio et Salvatore… Quant au troisième, Je ne l'avais jamais vu… Curieuse comme je l'ai toujours été quand il s'agit d'hommes, surtout s'ils sont isolés ou célibataires… J'ai aussitôt demandé à mon voisin s'il le connaissait. C'était un ouvrier agricole qui travaillait depuis plusieurs années à la ferme de l'Albaret près de Nasbinals… J'ai oublié son nom ! Mon touriste catalan a paru très intéressé, mais ne m'a fait aucun commentaire…

- Et après ?

- Je tire un voile pudique sur la plus merveilleuse des distractions humaines : l'Amour avec un grand A !

Était-ce l'effet de la bière, le charme de son interlocutrice, son parfum capiteux, ce décolleté proéminent, ces cuisses bien en chair ou ce timbre un peu sourd et très doux de sa voix, Gérard flottait dans un bain de jouvence. Il en avait presque oublié son uniforme… Quand il entendit la possibilité d'un troisième homme, c'est-à-dire d'une troisième mort violente, d'un troisième crime, le gendarme se réveilla brusquement ! L'instant d'avant, il flottait sur un doux nuage, enivré comme dans un joli rêve dont il émergea soudain. Il était de nouveau dans la triste et excitante réalité de sa condition de protecteur de la population…

- Vous avez bien dit : Il existe un troisième Catalan, ouvrier agricole à la ferme de l'Albaret à Nasbinal ? Alors…

Il ne termina pas sa phrase.

- Je confirme ! Pas plus tard que l'année dernière, il y travaillait encore et je pense qu'il y travaille toujours !

Son sang ne fit qu'un tour. Il n'y avait pas une minute à perdre. L'assassin était déjà en route… Seulement trente kilomètres séparaient Laguiole de Nasbinals. Il paya son verre en vitesse et demanda à Mado :

- Avait-il une voiture votre client ?

- Je n'en sais fichtre rien !

- Merci, Madeleine !

Le chef Gallinérac la salua brièvement d'un clin d'œil complice et sortit en trombe du café sous le sourire amusé de la péripatéticienne :

- Quelle mouche l'a piqué ? Qu'est-ce que j'ai dit pour l'affoler à ce point ? se dit-elle…

EN ROUTE VERS NASBINALS

Il retraversa le bourg à grandes enjambées par la rue principale. En arrivant à la gendarmerie, il cria :

- Tu es où Franck ? On embarque… Vite ! direction Nasbinals ! En habits civils…

Franck émergea de la pièce du fond où étaient rangées les archives. Il apparut, la casquette de travers, la veste couverte de poussière :

- Je cherchais dans les archives… Je me suis rappelé que « Vichy » en quarante-trois, nous avait demandé de recenser les émigrés, « des suspects à leurs yeux… d'obédience communiste ou anarchiste… »

- Bravo, Franck… Ton raisonnement est le bon. C'est là qu'il fallait chercher. Un troisième Catalan travaille et réside à la ferme de l'Albaret à Nasbinals… Il est en danger de mort… Nous devons arrêter l'assassin avant qu'il agisse ! Vite… Tu quittes ton uniforme et on y va ! Prends ton arme de service. Cet homme est armé et peut s'avérer dangereux ! Elle marche au moins ?

- Je ne sais pas ! Je ne m'en suis jamais servi !

- Vérifie au moins qu'elle est chargée !

Pendant que Frank se préparait, Gallinérac se ruait sur le téléphone.

- Allo ! Brigade de gendarmerie de Laguiole ! Gallinérac, passez-moi Joseph, c'est urgent !

Trois secondes plus tard, Joseph était au bout du fil :

- Oui, salut Gérard ! Joseph à l'appareil !

- Dis, sais-tu qu'il y a un troisième Catalan dans la région ?

- Non !

- Si ! Il travaille à la ferme de l'Albaret à Nasbinals ! Préviens le chef de brigade de Nasbinals. Il faut arrêter l'assassin avant qu'il ne commette son troisième forfait !

- Tu crois ?

- J'en suis certain ! C'est urgent ! On se donne rendez-vous à la gendarmerie de Nasbinals pour décider de la suite, c'est-à-dire comment on procède. Six hommes ne seront pas de trop pour le coincer.

- O.K ! Rendez-vous le plus tôt possible à la brigade de Nasbinals…

Gallinérac raccrocha le combiné. Il monta chez lui se changer. Sa femme plaisanta :

- Le chef passe à l'action ? Il a quitté son petit air triste ! Va y'avoir du rififi ? Le voilà régénéré, gai, alerte et rajeuni de dix ans… Fais attention au moins, n'oublie pas que tu as une femme et deux jeunes enfants ! Le gibier est-il dangereux ? Après la tenue de combat de dimanche, voici les habits civils ! A quand les déguisements ? Le budget de la gendarmerie est trop ras pour le permettre ?

- Tout se passera bien ! La force de la loi est de notre côté. Elle suffit pour arrêter les malfrats…

Pour toute réponse, il entendit un grognement dubitatif qui évolua en un rire moqueur…

Il redescendit l'escalier quatre à quatre…

- Franck, tu es prêt ?

- On y va, chef !

Franck avait revêtu ses vêtements de pêcheur.

- Tu vas à la pêche ?

- Oui, nous allons ferrer un gros poisson aux dents de requin !

Ils s'installèrent dans le véhicule de service. Franck, comme toujours, conduisait. Leurs cœurs palpitaient dans leurs poitrines. Leurs artères gonflées de sang battaient à leurs tempes. Au détour d'un virage, ils se regardaient quelquefois en souriant, solidaires et confiants l'un dans l'autre. Cette mission les captivait : arrêter un double meurtrier avant qu'il ne commette son troisième meurtre. Ils n'avaient pas peur. Pourtant, ils savaient qu'ils risquaient leur vie ! Cet individu était armé et dangereux... Certainement prêt à tout pour leur échapper... Ils avaient confiance dans les lois de la République qui les protégeaient. Leur devoir était d'empêcher un autre meurtre, d'arrêter le coupable et de le livrer à la justice. Cette haute mission les remplissait de fierté, d'espoir et de force...

La route montait en lacets. Le bourg de Sainte Geneviève n'est situé qu'à huit cents mètres d'altitude tandis que Nasbinals en plein milieu de l'Aubrac est à plus de mille trois cents mètres. La pauvre Juvaquatre peinait... Gallinérac était impatient :

- Tu fais du tourisme !

- Je n'y peux rien, chef. Elle s'essouffle dès que la pente s'accroit !

Ils traversèrent Laguiole à vive allure. C'était l'été. Quelques touristes en bras de chemise se promenaient dans la rue principale. Ils s'arrêtaient devant la boutique Calmels pour admirer les fameux couteaux de renommée mondiale. La juvaquatre passa devant la gendarmerie sans s'arrêter puis vira à gauche sur la route de l'Aubrac à la sortie du bourg.

- Tu crois que nos collègues de Laguiole nous précèdent ?

- Certainement, je n'ai pas vu de voiture dans la cour de la gendarmerie ! Bon, résumons la situation. Nous devons arrêter un criminel qui s'apprête à commettre son troisième assassinat. On connait à peine son signalement… Un grand brun, allure sportive, jeune, moins de trente ans… une fine moustache brune au-dessus des lèvres… semble-t-il… Il est vêtu comme beaucoup d'hommes du coin. Rien de vraiment caractéristique sauf un fort accent étranger et un Français très approximatif… Nous connaissons son écriture et l'empreinte de ses chaussures, ce qui nous sera utile s'il n'avoue pas spontanément… Sans parler du revolver 7.65 avec lequel il a déjà commis deux meurtres et que nous devons saisir ou nous emparer sans qu'il puisse de nouveau s'en servir ! Pour le moment, il s'agit de le repérer et de l'appréhender ! Comment allons-nous procéder ? Une équipe de deux gendarmes en uniforme ira vérifier s'il est hébergé à l'hôtel et dans ce cas procèderont à l'arrestation… S'il n'y est pas, les quatre gendarmes en civil se rendront à la ferme de l'Albaret par le sentier muletier tout en surveillant la route. On a la chance que ce soit une ferme isolée, au-dessus du bourg, à environ deux kilomètres… Si un grand brun s'en approche il suffira de l'interpeller ! Nous devons être très discrets. Car s'il se doute de la souricière, il pourrait renoncer à son projet et fuir… Je pense qu'il ira plutôt du côté de Marvejols pour prendre le train vers Nîmes… Il faudra aussi que la brigade de Nasbinals établisse un barrage sur la route qui descend vers Marvejols… Qu'en penses-tu ?

- Si on n'arrive pas à le coincer avec tous ce dispositif, ce serait désolant !

- On va demander à la brigade de Marvejols de surveiller la gare.

- Tu crois que le criminel est déjà à Nasbinals ?

- C'est possible et j'espère que nous n'arriverons pas trop tard ! S'il est à pied, on va peut-être le doubler et le prendre en stop !

- Ce serait trop beau !

Et ils rirent…

Gallinérac vouait au plateau de l'Aubrac une admiration particulière. Il ne se lassait jamais d'admirer les vertes prairies parsemées ici et là de rochers de granit aux tons variant dans les gris et recouverts en partie de mousse verte et de lichens jaunâtres. Ils traversèrent un torrent qui s'élargissait dans une prairie.

- Tiens ! C'est ici que nous avons déjeuné sur l'herbe dimanche dernier. Les enfants se sont baignés. J'ai moi-même fait un plongeon. L'eau était bonne ! Comme c'est charmant !

- J'adore pêcher dans ces torrents à l'eau vive et claire où la truite « fario » abonde. Tu vas à la pêche de temps en temps ?

- Oui, bien sûr. Ce serait dommage de ne pas profiter de tous ces magnifiques torrents !

- C'est vrai que pour apprécier leur magie, il faut les suivre, les traverser avec de bonnes bottes et… surtout pêcher !

- Tu vois ce buron là-bas près du torrent, adossé au talus de la montagne ? Je m'imagine y passer la nuit et me réveiller le matin avec le gazouillis des oiseaux et le clapotis de l'eau vive du torrent !

Cette évocation d'instants de farniente les détendit. Ils arrivèrent à la gendarmerie de Nasbinals le sourire aux lèvres à tel point que le chef de brigade dit :

- On dirait que vous arrivez pour une partie de plaisir…

LE PLAN

Ils entrèrent dans le bureau du chef de Nasbinals. Yves, c'était son prénom, avait la moustache et les tempes grises. Il avait le recul du vieux gendarme qui en a vu de toutes les couleurs sous tous les régimes et qui attend une retraite bien méritée. Il avait étalé une carte d'état-major de la région sur son bureau et disposé huit chaises tout autour. Il était grand et sec. Sa voix était ferme et grave, son autorité affirmée sur tout le canton. Quand il s'exprimait, sa pomme d'Adam montait en un va-et-vient impressionnant, presque risible. Il accueillit chaleureusement Gallinérac en lui disant :

- Je te laisse la direction des opérations. Tu es dans mon district, mais c'est toi qui as été nommé par le procureur de Rodez pour mener cette enquête jusqu'à l'arrestation du coupable.

Gallinérac le remercia… Les huit gendarmes s'installèrent autour du bureau en jetant un coup d'œil sur la carte bien que tous connussent parfaitement les lieux…

Dès les premiers instants, Gallinérac se leva et prit les choses en mains. Il fit taire les papotages des jeunes gendarmes qui ne s'étaient pas vus depuis longtemps et étaient heureux de se retrouver. Sa calme autorité, sa renommée et sa légendaire clairvoyance en imposaient à ses collègues. Il parla clair et fort :

- C'est facile. Il n'y a pas à tergiverser. Nous devons être plus rapides que l'assassin ! Nous sommes huit. Vous deux, en uniforme - il désigna Michel et Guy - vous établirez un barrage sur la route de Marvejols, en dessous du bourg, au détour d'un virage de façon à ne pas mettre la puce à l'oreille d'un fugitif éventuel. C'est par là qu'il devrait fuir pour prendre le train à Marvejols… qu'il ait repéré notre souricière ou qu'il ait commis son troisième assassinat, malgré notre dispositif ! N'oubliez jamais que nous avons affaire à quelqu'un de très malin, de dangereux et de déterminé…

Avec une règle noire et décolorée parce qu'elle avait beaucoup servi, il désigna sur le plan l'endroit idéal, puis il reprit :

- Vous contrôlerez toutes les voitures, même celles des gens que vous connaissez. Je rappelle que nous cherchons un jeune homme étranger au fort accent, brun, grand, allure sportive, vêtu un peu comme tout le monde dans le pays c'est-à-dire avec un pantalon de velours marron et une veste noire ! Je rappelle qu'il est armé et peut être dangereux. Pendant que l'un s'approche du véhicule pour vérifier son contenu et les papiers, l'autre demeure en retrait avec le Mat-quarante-sept… prêt à faire feu. Attention, pas de casse pour rien ! Ce dispositif est mis en place pour intimider l'assassin afin qu'il se rende spontanément. Vous ne tirez en aucun cas, sauf en cas de légitime défense… et à coup sûr !

Franck souriait. Son esprit critique pensait : « Il ne lui manque que le chapeau bicorne, et on dirait l'empereur à la veille d'Austerlitz expliquant à ses généraux comment faire de cette bataille une grande victoire. »

Gallinérac continua. Il désigna Yves et Joël, tous les deux de la brigade de Nasbinals, en uniforme aussi :

- Vous ferez une ronde classique dans les rues du bourg, dans ses cafés, restaurants, hôtels, chez les commerçants à la recherche de notre suspect. Vous interrogerez les gens sans brusquerie, presque discrètement ! Quand il arrivera ici, à Nasbinals, il faudra bien qu'il s'approvisionne et se restaure. Si la chance vous le permet, vous l'interpellerez…

Il termina ainsi cette brève veillée d'armes :

- Bon, ceux de de la brigade de Laguiole, en civil, Joseph et Robert vous surveillerez la route et les chemins qui mènent à la ferme de l'Albaret, en vous dissimulant, c'est-à-dire sans éveiller les soupçons de notre homme.

Il fit un rond sur le plan du bout de sa règle.

- Quant à nous deux avec Franck, nous allons à la ferme de l'Albaret, prévenir le « troisième » Espagnol du danger qui le menace. Nous resterons avec lui en l'accompagnant dans son travail pour mieux le protéger jusqu'à l'arrestation du coupable… Au fait, comment se nomme-t-il ?

- Albano Alfonso ! répondirent ceux de Nasbinals.

- Voilà, je vous ai tout dit ! Je pense que nous tenons ce criminel et qu'il ne doit en aucun cas nous échapper. Des questions ?

- Quand ce dispositif sera-t-il levé ?

- Quand j'en donnerai l'ordre ! Allez ! Exécution immédiate !

L'ATTENTE

Les quatre équipes de gendarmes sortirent en ordre dispersé. Gallinérac et Franck traversèrent le village par la rue principale. Leurs vêtements civils étaient parfaits de discrétion. On aurait dit deux amis revenant d'une partie de pêche. Ils ouvraient l'œil dans l'espoir d'apercevoir leur gibier, contournèrent l'église Sainte Marie sans en apprécier le style roman tant ils étaient absorbés par leur mission, jetèrent un coup d'œil discret vers l'hôtel « du centre » et s'arrêtèrent à la boulangerie.

- C'est plus prudent d'acheter un casse-croûte ! On ne sait pas combien de temps cette traque va durer et nous n'avons pas le droit de nous relâcher une minute !

Ils entrèrent. Une jeune boulangère les accueillit, un grand sourire aux lèvres.

- Deux casse-croûtes jambon-beurre, s'il vous plait !

- Désolé ! J'ai tout vendu !

- Vous nous punissez ! Pourtant on n'a rien fait pour vous déplaire ! On se contentera de pain sec !

Ils prirent chacun une baguette, payèrent et sortirent.

- C'est bon d'être anonyme ! Tu ne crois pas ?

- C'est comme si on était en vacances ! Allez ! On y va !

- Tu crois ? Ricana Franck.

- Tout va bien se passer… Tu verras… L'arrestation d'un assassin surtout quand il est armé, et par conséquent potentiellement dangereux, est un art !

Ils prirent la route empierrée qui monte en lacets vers la ferme de l'Albaret… Au premier virage, un chemin muletier, étroit et encaissé entre deux talus, s'offrit à eux. Ils l'empruntèrent. Il avait l'avantage d'être ombragé par des frênes et coupait les virages en épingle à cheveux de la route. C'était le moment le plus chaud de la journée ; les deux collègues transpiraient à grosses gouttes. Ils traversèrent de nouveau la route et profitèrent de l'horizon dégagé pour jeter un coup d'œil sur le paysage. Nasbinals s'étendait à leurs pieds comme agrégé autour de son centre, de son église et son clocher. Ils virent leurs compagnons, Joseph et Robert s'installer à l'ombre d'un grand chêne dans la prairie qui dominait les accès à la ferme. Joseph avait sorti ses jumelles et inspectait la contrée avec minutie.

- Ils n'ont pas la plus mauvaise place ! dit Franck.

- Oui, c'est la meilleure parce qu'elle a un point de vue imbattable et qu'elle me parait fort discrète... Ils voient sans être vus ! Joseph possède une solide expérience ! Il y a de fortes chances que ce soit eux qui lui mettent le grappin dessus. Je ne vois pas où « il » pourrait passer pour se rendre à l'Albaret sans être vu par ces deux sentinelles !

- Méfions-nous ! Notre assassin est un spécialiste des chemins détournés. Qui aurait pensé que pour abattre Antonio, il passerait par le lac ?

- C'est vrai ! Il a bénéficié de l'affluence touristique pour se fondre dans la masse, ne pas se faire remarquer et commettre son forfait...

- Nous avons affaire à quelqu'un de particulièrement rusé !

Après une demi-heure de montée, La ferme de l'Albaret s'imposa à leurs yeux : Une construction conséquente avec une maison d'habitation qui dressait sa haute stature sur le ciel d'azur. Un « pigeonnier constitué d'une tour ronde donnait à cette ferme la noblesse d'un « castelou. » Deux bâtiments annexes faisant fonction à la fois de grange, étable, écurie et hangar, se distribuaient autour d'une cour rectangulaire. On y entrait par un porche monumental toujours ouvert.

Les deux gendarmes approchaient, le cœur battant. Dans quelques instants, ils espéraient voir Albano Alonso qu'ils venaient protéger d'une mort programmée, en chair et en os, toujours debout et… vivant…

Une buse se posa près d'eux sur le poteau en bois de la pâture toute proche… Les deux gendarmes se regardèrent. Cet oiseau de proie avait la renommée d'être un mauvais présage… Alonso, ne serait-il pas déjà étendu d'une balle tirée en plein cœur, baignant dans une mare de sang dans le coin d'une grange ? Cette pensée négative affleura la conscience de Gérard et de Franck. La buse s'envola en poussant son cri plaintif et désagréable, annonciateur d'une mauvaise nouvelle… Ils pâlirent et se regardèrent. Arrivaient-ils trop tard ? Était-ce un signe du ciel ?

Quelle absurdité d'être encore le jouet de ces superstitions d'un autre temps ! Le chef rassura son subalterne d'un haussement d'épaule et d'un sourire en coin…

Quand ils franchirent le porche, un chat noir qui sommeillait sur un tas de paille, se sauva, affolé par ces deux étrangers. Second mauvais présage… Ce ne fut pas la peine qu'ils se regardent. Ils s'arrêtèrent comme bloqués dans leurs marches, comme interdits d'aller plus loin pour apprendre la nouvelle fatale… Les signes du ciel se précisaient, s'accumulaient… Une main invisible les prévenait ! Une angoisse imprévue leur coinça les viscères. Ce chat noir annonçait une mort probable… Gallinérac ouvrit l'étui de son arme de service, battit en retraite contre le mur du porche. Franck l'imita. Il se glissa derrière lui… Le chef avança à petits pas, la main tenant la crosse du révolver avec une seule idée en tête : « Le tueur est peut-être encore dans les parages. » Il avança avec de multiples précautions, inspecta la cour, et là : surprise et relâchement ! Il rangea son arme de poing, referma l'étui et poussa un « ouf ! » de soulagement. Son visage crispé se détendit. Il sourit. A sa droite était stationné un lourd chariot à demi vidé de son foin. Deux bœufs blancs en constituaient l'attelage… Un homme brun en bras de chemise, d'une trentaine d'années, debout sur le foin, hissait les bottes jusqu'à la fenêtre d'un grenier tandis qu'un autre homme plus âgé, les réceptionnait et les tassait selon un ordre bien établi.

Les deux gendarmes de nouveau confiants, redressèrent la tête et le torse. Ils firent les quelques pas qui les séparaient de l'attelage.

- Gendarmerie nationale ! fit Gallinérac en brandissant sa carte à l'encart aux trois couleurs, bleu, blanc, rouge.

Les deux hommes cessèrent instantanément leur travail. La surprise et l'interrogation se lisaient sur leurs visages, aux traits creusés par la fatigue, devant ces deux hommes en civil qui prétendaient être des gendarmes.

- Rassurez-vous, nous ne sommes pas là pour vous tracasser, au contraire… pour vous protéger !

- Albano ! C'est la pose. On finira après… dit le patron.

Eugène Rispal descendit du fenil par une échelle de bois appuyée contre le mur sous la fenêtre. Il s'agissait d'un homme robuste et courtaud dont la calvitie et les tempes grises plaidaient en faveur d'une cinquantaine d'années.

- Qu'est-ce qui vous amène ? fit le patron.

Albano se maintenait à distance. Il n'aimait toujours pas la police, encore moins les gendarmes.

- Nous allons vous mettre au courant en quelques mots, répliqua Gallinérac.

Il eut le réflexe de regarder le ciel.

- Entrez donc à l'intérieur. Nous serons mieux par cette chaleur. Le fond de l'air est orageux. Vous voyez les nuages blancs qui s'amoncèlent au Sud-Ouest… Ils vont s'accumuler, devenir noirs. Je ne serai pas étonné qu'il fasse un bon orage ce soir. On se dépêche avec Albano de rentrer les derniers charrois de foin. Ce serait bête qu'ils soient de nouveau trempés !

Les gendarmes examinèrent le ciel. En effet, des cumulus se massaient petit à petit dans l'azur. Ils vérifièrent l'heure… Déjà dix-sept heures. Un fort orage risquait de compromettre leur chasse à l'homme… Les quatre hommes se dirigèrent vers la maison d'habitation.

Ils entrèrent. Madame Rispal avait tiré les persiennes. Il faisait sombre et frais. Les murs de pierres de pays d'environ un mètre d'épaisseur, maintenaient une température agréable.

- Asseyez-vous ! fit le maître de maison. Fernande, va chercher une bouteille de cidre à la cave, nous avons des invités ! Rien de tel qu'un bon verre de cidre pour se rafraîchir !

Le regard de lynx de Gallinérac avait rapidement fait le tour de cette grande salle. Les fenêtres sur l'arrière comme, d'ailleurs, celles du devant étaient fermées. Pas de danger potentiel pour l'instant se dit-il. Les gendarmes s'installèrent sur le banc autour de la grande table rectangulaire.

- Quel est l'objet de votre visite ?

- Avez-vous appris l'assassinat d'Antonio Da Costa de la ferme du Puech près de Vines…

- Comment ? Non ! Nous ne le savions pas ! C'était mon meilleur ami… fit Albano. Comment est-ce possible. A quand remonte ce crime ?

- Dimanche matin !

Eugène Rispal précisa :

- Ici, nous sommes isolés. Nous descendons qu'une ou deux fois par semaine au bourg pour nous ravitailler et nous n'avons pas encore la radio… Nous sommes toujours informés des évènements graves avec plusieurs jours de retard…

- Ce n'est pas tout ! reprit Gallinérac. Salvatore d'Ordona a aussi été tué mardi soir sur son chantier de construction à Laguiole, selon le même scénario.

- C'est aussi mon ami ! Nous sommes du même pays : Figueres en Catalogne !

- C'est pour cette raison que nous avons pensé que vous êtes en danger…

- Vous croyez ? Je ne vois pas pourquoi ! Répondit Albano.

- Et pourtant, il doit bien y avoir une sérieuse raison ! On ne tue pas deux hommes avec préméditation… par hasard ! Je vous prends au dépourvu… il doit y avoir dans votre passé à tous les trois des raisons, des faits qui provoquent une telle haine… La question que je me pose et que, par conséquent, je vous pose aussi, est : risquez-vous, comme vos deux amis, d'être assassiné par un homme brun, grand, jeune c'est-à-dire entre vingt et trente ans dont tout laisse croire qu'il est étranger… et possiblement Catalan ?

Gallinérac laissa réfléchir son interlocuteur. Il se leva, regarda par la fenêtre sur l'arrière de la maison puis contourna la table et examina la cour. Franck fit de même, se mit devant la fenêtre et resta planté là, debout… Albano avait pâli et se taisait… Puis il déclara :

- Vous êtes sur vos gardes ? C'est à ce point ?

- Nous avons affaire à un tueur très motivé, très rusé qui ne reculera pas devant un obstacle quelconque. Vous deviez avoir de lourds secrets tous les trois ! La question n'est pas là ! Nous voulons arrêter le coupable quand il va se présenter ici… pour vous tuer… Je pense qu'il ne tardera pas… que c'est pour aujourd'hui ou pour demain !

- Cette information est si surprenante que j'ai du mal à vous croire…

- C'est pourtant ce que je crains ! Et d'un autre côté, je l'espère afin de procéder à son arrestation, sans coups de feu et sans effusion de sang. Nous sommes armés et nous n'hésiterons pas à tirer pour vous protéger !

- Si je m'attendais à de telles nouvelles !

- Avez-vous peur ?

- Pas du tout ! Et puis vous êtes là !

- Par conséquent, nous allons faire comme si de rien n'était… Comme il ne faut pas éveiller les soupçons du meurtrier, vous allez reprendre votre travail… nous allons vous aider afin que le tueur ne se doute de rien. Tout en travaillant ou en faisant semblant, nous ouvrirons l'œil de façon à ne pas nous laisser surprendre !

Eugène déboucha une seconde bouteille de cidre. Le bouchon péta et de la mousse se répandit sur la toile cirée.

- Il est nerveux… L'orage approche !

Il remplit les verres.

- Allez ! Un petit dernier, et on y va avant que le foin ne soit mouillé !

Gallinérac fit une grimace. Il pensa : « Un orage, violent comme il en fait sur les hauteurs de l'Aubrac, l'été, voilà qui peut compliquer l'arrestation ! »

Ils sortirent tous les quatre. Les deux gendarmes ôtèrent leurs vestes, sortirent la chemise du pantalon pour cacher l'étui de leur pistolet. Ils empoignèrent des fourches et se mirent à passer les bottes tout en regardant vers le porche. Le visiteur tant attendu n'arrivait pas…

L'ORAGE

Les quatre fourches eurent vite fait de vider le reste du chariot. Les gendarmes étaient contents de mettre la main à la pâte. Ils souriaient d'aise. Cela leur rappelait des souvenirs d'adolescent quand ils aidaient à la moisson dans leur village d'origine. Le stress de l'attente s'évacuait grâce à cet exercice physique, salutaire pour leurs nerfs à vif.

- Bon, voilà une charrette bien au sec, dit Eugène.

Il se frotta les mains et cracha dedans selon un geste ancestral. Il regarda encore une fois le ciel. Des nuages s'amoncelaient. Ils devenaient noirs au nord.

- L'orage ne tardera pas ! Avec cette nouvelle main-d'œuvre pleine d'entrain, nous avons le temps de charger une dernière charrette…

Il cligna un œil complice destiné à Albano… Il descendit du fenil par l'échelle de bois avec les précautions que nécessitaient sa corpulence et son âge. Ils sortirent par le portail. Le patron entraîna les bœufs vers une prairie située au-dessus de la ferme. Albano suivait entouré par ses deux gardes du corps…

L'atmosphère était lourde. Les hommes transpiraient. On aurait dit que le ciel retenait son souffle pour éclater avec plus de violence.

Malgré la lenteur des bœufs, le nouveau chariot de foin bien sec franchit le porche de la ferme quand les premières grosses gouttes se mirent à tomber. Une demi-obscurité enveloppait déjà la ferme. Eugène et Albano garèrent le chariot sous le hangar, détachèrent les bœufs, les firent boire à la fontaine et les emmenèrent à l'étable.

- C'est tout pour ce soir ! Nous déchargerons demain. Le foin est au sec et nous avons gagné notre repos !

Un éclair zébra la cour. Il fut accompagné d'un violent coup de tonnerre. Le sol, les murs de la ferme tremblèrent sous le choc. Ils virent le feu se désagréger au-dessus du pigeonnier, puis être absorbé par le paratonnerre situé à son faîte. Une accalmie suivit tandis que la pluie se mettait à tomber d'abord hésitante, elle prit de la force jusqu'à devenir une bonne averse, puis à se déverser en trombes. De fins grêlons rebondissaient sur les pavés de la cour. Dès les premières gouttes, les hommes coururent se mettre à l'abri…

- Vous voilà ! fit Fernande Rispal, la patronne. Il était plus que temps de vous mettre à l'abri !

L'orage redoubla. Des gouttes mêlées de grêlons cinglèrent les carreaux. Des éclairs illuminaient presque en permanence les bâtiments et la cour. Un tonnerre assourdissant roulait sans cesse. La pluie tombait en rafales sur les pavés dans un vacarme d'apocalypse. Les quatre hommes restaient à l'intérieur devant les fenêtres comme figés, accrochés à l'ampleur du phénomène. Un peu de crainte se lisait sur leurs visages. Madame Rispal les réveilla :

- Tout le monde à table ! Vous n'allez pas restés plantés là jusqu'à la fin de l'orage. Il y en a pour plus d'une heure et peut-être toute la nuit !

Gallinérac se ressaisit.

- C'est très gentil de nous inviter. Il ne faudrait pas qu'on en oublie notre mission.

- Notre diner est bien ordinaire, vous savez ! Une bonne soupe puis une truffade. Vous connaissez ? Un gratin de pommes de terre avec de la tome du pays, le genre de plat qui requinque un travailleur ! Ce sera vite avalé… Vous monterez la garde chacun votre tour. Votre assassin, s'il est dans le coin, il est comme vous ! Il n'aime pas être mouillé et transi par la pluie ! Il s'est mis à l'abri et attend que l'orage cesse !

- A moins qu'il ne profite des éléments pour nous surprendre ! Restons sur le qui-vive ! N'oublions jamais que nous avons affaire à quelqu'un de très déterminé !

Franck prit la première faction. Les éclairs se suivaient de même que le roulement du tonnerre. La cour était presque en permanence éclairée. Parfois une ou deux secondes de silence et d'obscurité complète étaient suivies de flashes intenses et de coups de tonnerre qui agressaient les yeux et les oreilles du gendarme.

Gallinérac mangeait sa soupe aux choux en silence. Il croquait les petits lardons avec délice. Les fermiers aussi s'étaient tus. On sentait une lourde anxiété flotter dans l'atmosphère. Leurs traits étaient tendus sans qu'on sache vraiment si c'était la violence de l'orage ou l'attente d'un éventuel tueur qui provoquait la peur peinte sur les visages. Le tonnerre redoubla. L'ampoule électrique du plafonnier s'éteignit. Ils se retrouvèrent dans l'obscurité…

- Il ne manquait plus que cela, dit la fermière. Eugène ! Va chercher les bougeoirs sur la commode !

Eugène s'exécuta. Il alluma les bougies avec son briquet. Deux flammes éclairèrent la pièce de leurs lumières blafardes.

- A chaque orage, c'est la même chose. On est dans l'obscurité ! Nous sommes sur le haut du pays… L'électricité vient se décharger partout aux alentours, dans nos pâtures. Nous avons eu plusieurs fois du bétail foudroyé !

Le chef se leva et demanda à son adjoint de passer à table. Franck s'assit devant son assiette de soupe.

- Voulez-vous que je vous la réchauffe ? dit la fermière.

- Non, merci ! Elle est très bonne ainsi !

Le regard de Gallinérac profitait des longs éclairs pour parcourir la cour. Pendant les phases d'obscurité, ses yeux se fixaient sur le porche dont il ne voyait qu'une vague ombre. Dès que l'éclair survenait, de nouveau il s'assurait que personne ne traversait l'espace entre le porche et la maison d'habitation.

La pluie redoubla pendant une période de nuit noire qui parut un siècle à Gallinérac. Puis un éclair lointain zébra le ciel en éclairant faiblement son champ de vision. Il dit presque à mi-voix :

- J'ai vu une ombre se glisser dans le hangar ! Il est là !

Franck se précipita à la fenêtre.

- Restez à vos places ! Malgré la demi-obscurité, il peut voir qu'on l'observe par les fenêtres… Franck était déjà à côté de son chef :

- Je ne vois rien, chef.

- Il s'est mis à l'abri dans le hangar… Ne bougeons pas ! Attendons… Il va bientôt se pointer et nous allons le cueillir !

- Il attend une accalmie !

- Certainement !

- Il a profité de l'orage pour parvenir jusqu'à nous. Les autres équipes ont dû arrêter leur surveillance pour se mettre à l'abri !

Après dix longues minutes d'observation anxieuse, Gallinérac changea d'avis :

- Je crois qu'il va passer la nuit, couché dans la paille du hangar ; ça peut durer longtemps. Il peut tromper notre vigilance et nous surprendre… Je vais aller le cueillir. L'autorité, la loi doivent reprendre l'initiative et agir. Je vais sortir par la porte de la tour qui donne sur l'arrière, longer les bâtiments et repasser par le porche de façon à le prendre à revers. Restez enfermés à l'intérieur. S'il se pointait, Franck l'arrêterait immédiatement…

- Vous serez trempé ! Voulez-vous ma cape de pluie ?

- Oui, je pense qu'elle est nécessaire.

Eugène la décrocha de la patère de l'entrée. Elle était très usagée et maculée de terre ou de bouse de vache. Pouvait-il faire le difficile ? Gallinérac la mit sur son dos, ajusta la capuche. Il ne put s'empêcher de sourire en imaginant son déguisement…

Il sortit par la porte de la tour qui donne sur l'arrière :

- Refermez bien derrière moi et n'ouvrez à personne ! Si par hasard j'étais obligé de battre en retraite et de revenir par ici, je frapperais deux coups brefs suivis de trois coups prolongés avec le heurtoir…

- Compris…

La pluie cingla le visage de Gallinérac. Les rafales se suivaient drues, seulement entrecoupées d'apaisements d'une ou deux secondes. Elles l'obligeaient à fermer les yeux et l'obscurité profonde ne s'affaiblissait que quand de lointains éclairs donnaient un peu de clarté aux alentours.

- Je vais m'adapter à cet enfer… L'orage s'éloigne et je vais pouvoir circonvenir mon client !

Il glissa sur la boue, faillit tomber dans une flaque d'eau. Un éclair lointain lui montra un sentier dans la pâture, situé un peu au-dessus, fait par le bétail. Celui-ci longeait les bâtiments et l'emmenait tout droit vers son but. La pluie ruisselait de toute part. Il eut tôt fait d'atteindre le porche.

Il dégaina son pistolet qu'il maintint à l'abri sous son capuchon, enleva le cran de sécurité. Il avait le doigt sur la gâchette, prêt à faire feu. Il franchit le porche et s'approcha à pas de loup du hangar. La pluie battait le pavé et son martèlement incessant couvrait le bruit de ses pas. Il profita d'un moment de clarté pour jeter un coup d'œil dans le hangar. Il ne vit que les ombres grises des bottes de foin et de la charrette. Il attendit un peu, certain qu'un nouvel éclair l'aiderait bientôt. Celui-ci ne tarda pas. Plus intense que le premier, Gallinérac aperçut une ombre ayant une forme humaine… allongée sur le sol parmi les bottes de foin. Il respira un grand coup et tout en restant à l'abri du mur, il déclama d'une voix forte et virile :

- Gendarmerie nationale ! Vous êtes cerné et en état d'arrestation ! Veuillez jeter votre arme et sortir les mains en l'air…

Le bruit de la pluie qui redoubla fut la seule réponse…

- Rendez-vous ou je tire…

Silence de l'interlocuteur. Gallinérac commençait à douter, à se dire : « il est parti se cacher ailleurs. » Il décida de jouer son va-tout…

- A trois, je tire ! Un…

Entre chaque sommation, il espérait voir son « coupable » sortir !

- Deux… trois…

Il fit feu au hasard dans les bottes de paille. Quelques secondes se passèrent, obtuses et silencieuses… Pour toute réponse, une balle siffla près de son oreille gauche, suivie de la détonation d'un sept-soixante-cinq. « Voilà qui complique sérieusement cette arrestation » se dit-il. « Et je suis le plus mal loti. Je ne le vois pas tandis que lui, étant donné la précision de son tir, doit m'apercevoir… Lui, il est camouflé dans la paille, à l'abri, tandis que je suis à l'extérieur sous une pluie battante ! »

Que faire ? Il y eut plusieurs minutes d'attente angoissante.

FRANCK ENTRE EN ACTION

Franck avait entendu l'échange de coups de feu. A l'intérieur, par la fenêtre de la ferme, il apercevait la silhouette de son chef sous sa cape, protégé par le coin du mur de la grange, sous une pluie battante. Il le vit en difficulté et le crut en grand danger. Une intervention urgente devenait nécessaire. Il regarda le père Rispal :

- Je dois y aller ! lui dit-il. Mon collègue a des difficultés pour appréhender le suspect !

Eugène Rispal avait suivi ces dernières péripéties au côté de Franck. Il confirma :

- Votre assassin, il est caché dans le hangar, là où on a garé la charrette de foin tout à l'heure ! Ce sera difficile de le déloger !

- Oui ! L'obscurité est totale ; les bottes de paille le protègent et le dissimulent…

- Néanmoins, il y a une solution : passer par le grenier à foin au-dessus de l'étable. Il se termine par une large ouverture sur le hangar ! Vous arriverez au-dessus de la charrette chargée de son foin et de votre homme !

- Comment y accéder ?

- Par la fenêtre, par laquelle on a engrangé le foin de ce côté. Elle est située sur le pignon de l'étable, tout à côté… à gauche en sortant dans la cour. L'échelle est demeurée dressée en dessous et seul un volet de bois retenu par un crochet, ferme le fenil. Voulez-vous que j'aille avec vous pour vous indiquer le chemin ?

- Non, je vais trouver.

- Quand vous serez grimpé dans le grenier, il vous faudra ramper sur le foin jusqu'au hangar. C'est tout près du toit ! Voulez-vous ma lampe-torche ?

- Oui, mais je ne l'utiliserai pas, car elle pourrait mettre l'assassin aux aguets et je tiens à le surprendre… Dernière consigne : fermez la porte derrière moi ! Décrochez et armez les fusils de chasse pour vous défendre au cas où notre homme réussirait à nous échapper… On ne sait pas ce qu'il a dans le ventre, mais il n'a pas hésité à tirer sur mon collègue ! Il est très dangereux pour nous comme pour vous !

- Ne vous inquiétez pas ; nous sommes par habitude très méfiants ! dit le père Rispal.

Pendant ce rapide échange de points de vue, Albano était resté étrangement silencieux. Il était assis sur le banc, la tête entre les mains, et paraissait terrassé par de profondes pensées… comme s'il se remémorait de lointains souvenirs peu glorieux… Son apathie faisait un contraste frappant avec la fébrilité des deux autres hommes.

Franck sortit. La pluie s'était calmée, mais la nuit demeurait des plus noires. D'épais nuages empêchaient la clarté lunaire et stellaire de parvenir jusqu'aux hommes. Il repéra l'ombre de la fenêtre sur le pignon de l'étable. Une échelle de bois était bien dressée en dessous. Il s'assura qu'elle était stable et solide et grimpa les échelons un à un avec précaution. Ses brodequins glissaient. Il était obligé d'assurer chaque progression. Arrivé en haut, il trouva à tâtons le crochet qui retenait le volet fermé. Il ouvrit sans faire de bruit. Du vent s'engouffra dans le fenil. Il accrocha le lourd battant de chêne le long du mur et se hissa dans le grenier. Il commença une longue reptation silencieuse qu'il évalua à plus de vingt mètres. Il déboucha sans éveiller l'attention au-dessus du hangar. Il vit en premier l'ombre de la charrette et chercha son homme désespérément tout autour. Un lointain éclair donna une clarté blafarde dans le hangar. Il l'aperçut à trois ou quatre mètres au-dessous de lui à demi enfoui sous la paille.

Il y eut un bref moment d'attente. La pluie cessa de battre les lauzes du toit au-dessus de lui. Un lourd silence s'installa… « C'est le moment d'agir » se dit-il. Il prit son pistolet dans la main droite et avec la main gauche il braqua la torche sur l'individu :

- Jetez votre arme et sortez les bras en l'air, cette fois, vous êtes coincé !

Pour toute réponse, l'homme qui était allongé sur le ventre, d'un mouvement vif, se retourna et tira en direction de Franck. Celui-ci s'aplatit instantanément dans le foin. La balle siffla à ses oreilles et cassa la lauze au-dessus de lui avec un bruit de claquement net. En réponse, il aurait pu le descendre. Il se contenta de tirer en direction de la main de son adversaire qu'il n'atteignit pas. La balle s'abima dans les bottes de foin. Le tueur, sidéré par la peur, se recroquevilla en chien de fusil et Franck en profita pour sauter sur son dos. Une masse de quatre-vingt-dix kilos dégringola de plus de trois mètres de haut sur l'échine du tueur, écrasant son thorax et ses côtes. Celui-ci fut brisé, cloué au sol par cette attaque surprise. Son révolver lui échappa et Franck sans attendre lui prit les deux mains qu'il retint fortement dans le dos. Le criminel était plaqué sur le sol, dans l'incapacité totale de s'échapper….

- Gérard ! Tu peux approcher avec les menottes ! Notre homme est maîtrisé !

Gallinérac sortit de son retrait. Il aperçut son collègue à califourchon sur le tueur qui souffrait, écrasé par la masse qui le retenait. Il essayait en vain de se libérer en gesticulant dans tous les sens. Le poids du gendarme (presque cent kilos) rendait toute tentative vaine…

Le chef jubila de plaisir quand il distingua cette scène qui ne manquait pas de piquant. Il s'agenouilla dans la paille et d'un geste professionnel, passa les menottes au criminel. Il se redressa, ramassa le révolver qui gisait sur le sol tout à côté, l'examina brièvement, remit le cran d'arrêt et le glissa dans sa poche.

Franck se remit debout et invita le nouvel appréhendé à suivre son exemple. Celui-ci s'exécuta avec difficulté, lenteur et force grimaces tant il était sonné. Le moindre geste semblait réveiller une cuisante douleur dans tout son corps meurtri.

Gallinérac arbora un large sourire. Il félicita son adjoint :

- Bravo Franck, c'est la plus belle arrestation de ma vie ! Je suis content qu'on l'ait eu vivant ! Son attitude était suicidaire et il en était d'autant plus dangereux. On va enfin comprendre les motifs de ces crimes en série !

Ils se dirigèrent vers l'habitation. Le prisonnier avait les mains derrière le dos, retenues par la paire de menottes. Il marchait à petits pas, le dos courbé et la tête basse, suivi de près par les deux gendarmes.

- Je pense, étant donné le contexte, qu'il est plus prudent de lui passer une menotte au poignet droit et d'attacher l'autre à ta main gauche. Il est tard et je n'ai pas envie de courir après dans les pâtures détrempées par la pluie. Nous avons affaire à un jeune homme qui peut détaler à toute vitesse dans la nuit noire, même avec les mains menottées dans le dos, dit Gallinérac.

Cette perspective ne plaisait guère à Franck. Il admit que le contexte était difficile. La prudence s'imposait… Ils frappèrent à la porte de la ferme. Le père Rispal, qui avait tout vu, ouvrit :

- Enfin, vous l'avez eu !

A ce moment, la lumière revint. La grande salle de la ferme s'éclaira. Eugène alluma les deux lampes de la cour. On put voir de plus près l'homme en état d'arrestation. Il était assez grand. Une certaine élégance se dégageait de son être malgré une fatigue extrême qui se lisait sur les traits de son visage régulier. Gallinérac évalua sa taille à environ un mètre soixante-quinze, très brun de peau et de cheveux, le regard noir. Il paraissait élancé. Une barbe brune témoignait qu'il ne s'était pas rasé depuis deux ou trois jours… Ses vêtements étaient trempés et maculés par de la boue.

Gallinérac prit le parti de ne pas l'interroger tout de suite. Il procéda à une fouille sommaire. Il trouva un couteau à cran d'arrêt dans la poche droite de son pantalon qu'il saisit immédiatement.

- L'orage s'éloigne. La pluie a cessé. Vous n'avez pas encore le téléphone ? demanda-t-il.

- Non, on nous l'a promis pour la fin de l'année !

- Dans ce cas nous descendrons à pied avec notre prisonnier vers la gendarmerie de Nasbinals… Au revoir et merci pour votre coopération.

- Accepterez-vous un dernier verre ?

- Non, il se fait tard ! Ce sera pour une autre fois !

Les deux gendarmes prirent la route empierrée qui descendait vers le bourg… Le prisonnier marchait en silence à côté de Franck. Il n'opposait aucune résistance et paraissait accepter son sort. Néanmoins, le chef les suivait à deux mètres derrière eux, sans relâcher son attention.

Gallinérac et son adjoint respiraient l'air humide et frais à grandes goulées réconfortantes. Ils éprouvaient le sentiment du devoir accompli. Encore une fois, le droit et la loi qu'ils avaient jurés de servir, avaient triomphé. C'était leur plus grande récompense…

L'INTERROGATOIRE

Ils arrivèrent vers vingt-deux heures à la gendarmerie. Ils y furent accueillis en vainqueurs.

- Vous l'avez eu ! Bravo ! Je craignais que les conditions météos lui soient favorables et qu'il nous échappe ! Je viens de renvoyer les collègues de Laguiole. Impossible pour eux de rester sous cette pluie battante ! J'ai fait aussi lever le barrage sur la route de Marvejols…

Gallinérac était curieux de vérifier l'identité de son prisonnier :

- Vous avez vos papiers ?

Celui-ci le regarda d'un œil interrogateur. Visiblement, il n'avait pas compris et restait silencieux.

- L'interrogatoire ne va pas être facile. Il faudra réquisitionner un interprète, dit Gallinérac à ses collègues.

Il réfléchit. Il cherchait dans sa mémoire comment exprimer autrement sa demande :

- Passaporte ?

Le prisonnier désigna avec son menton la poche droite de sa veste. Gallinérac la fouilla et en tira un petit portefeuille de cuir marron très usagé. Quand il l'ouvrit, le passeport espagnol de l'intéressé lui sauta aux yeux. Il l'examina d'un œil expérimenté, vérifia la photo. C'était bien son passeport.

- C'est bien vous… Luis Rodrigo Hernandez ?

Le prisonnier acquiesça d'un signe de tête.

- Vous êtes né le vingt et un janvier 1924 à Figueras, en Catalogne ?

- Oui !

- Vous êtes en état d'arrestation pour le meurtre d'Antonio Da Costa le vingt-huit juillet de cette année et de Salvatore d'Ordona le trente juillet mille neuf cent quarante-six.

A la surprise générale l'accusé approuva. Un grand soulagement se lut sur les traits des gendarmes. Tout devenait plus simple.

- Nous vous conduirons en cellule après la procédure d'usage. Nous établirons le procès-verbal demain matin…

Ils dirigèrent le prisonnier vers l'une des cellules. Celles-ci étaient petites, environ trois mètres sur deux, destinées à accueillir des gardés-à-vue sur de courtes durées. Le prisonnier fut libéré de ses menottes. Il s'affaissa sur la couchette sans prononcer une plainte ni une parole.

- Nous avons affaire à quelqu'un de particulier, un être étrange et mystérieux. Je ne me sens pas la force de l'interroger ce soir. Je pense que nous découvrirons des mobiles et des secrets inimaginables… La barrière de la langue sera une difficulté supplémentaire pour comprendre les raisons qui l'ont poussé à accomplir ces forfaits… Nous allons rentrer chez nous reprendre des forces. Je te le laisse pour la nuit. Je viendrai le chercher demain matin à moins qu'un fourgon cellulaire nous soit dépêché de Rodez et me l'amène. Je l'interrogerai à Sainte Geneviève dans le but de remettre un procès-verbal juste et cohérent au procureur. Je pense que ce sera une affaire vite expédiée malgré les difficultés dues au contexte !

- Nous verrons ça demain.

- Faites attention qu'il ne s'échappe pas ! Mets un gars solide en faction devant la cellule bien fermée !

Gallinérac et Franck regagnèrent leur brigade. Il était vingt-trois heures quand ils garèrent la Juvaquatre dans la cour de la gendarmerie. L'épouse de Gallinérac était couchée. Elle ouvrit un œil et ironisa :

- La chasse à l'homme a-t-elle été fructueuse ?

Il répondit à voix basse pour ne pas réveiller les enfants :

- Oui ! On l'a eu ! ça n'a pas été facile ! Un terrible orage comme il en fait souvent les soirs d'été sur les hauteurs de l'Aubrac, a perturbé son arrestation !

- Alors, il est content, le chef ! Il va bien dormir !

Gallinérac se glissa dans son lit, la conscience apaisée d'avoir mené à bien sa mission. Encore une fois, la force de la loi avait eu raison face au crime… Il dormit comme un bienheureux…

LES AVEUX

Le lendemain, un fourgon cellulaire transporta le prisonnier de Nasbinals à Sainte Geneviève. Les gendarmes le transférèrent dans une petite cellule du sous-sol de la gendarmerie. Ces cellules au nombre de trois, servaient surtout pour les états d'ivresse prononcée du samedi soir. Elles étaient vétustes, mal entretenues et sentaient la vinasse et le vomi.

L'interprète réquisitionné arriva quelques instants après. C'était un professeur d'Espagnol parisien, en retraite dans son pays d'origine, la Viadène. Il était jovial, petit et chauve, assez ventripotent, le regard clair. Gallinérac l'attendait debout dans son bureau. Une impatience d'en finir rapidement se lisait sur son visage. Il tournait en rond, ne pouvait rester assis plus de trois minutes, fumait cigarette sur cigarette.

Franck s'installa derrière sa machine à écrire. On amena le prisonnier qu'on libéra de ses menottes. La porte fut fermée à double tour. Il faisait chaud. C'était une journée d'été qui se promettait d'être belle. On ouvrit la fenêtre pour laisser entrer un peu d'air frais. De forts barreaux empêchaient toute tentative d'évasion.

Gallinérac, sur un ton solennel, résuma brièvement les informations qu'il avait glanées sur le passeport saisi la veille : identité de l'accusé, date et lieu de naissance ; il insista sur son âge – vingt-deux ans – puis il détailla les chefs d'accusation. L'interprète traduisait au fur et à mesure. Le prisonnier approuvait par un signe de tête. Il paraissait fatigué et abattu. On aurait dit que lui aussi était pressé d'en finir. Les deux crimes prémédités furent reconnus par l'assassin sans aucune difficulté. L'adjudant-chef aurait pu se contenter de ces aveux spontanés.

L'attitude du prévenu, son apathie étonnaient les gendarmes. De toute évidence, il acceptait son sort. D'habitude, les délinquants se justifiaient : ils avaient été obligés par des circonstances particulières… ne l'avaient pas fait exprès… étaient dans un état proche de la démence… avaient mille explications pour se dédouaner de leurs méfaits ! Gallinérac pensait : « Défends-toi… Dis-nous au moins les raisons de ces crimes programmés, organisés. Il y a bien des motifs, des raisons. On ne poursuit pas des compatriotes émigrés à l'étranger pour les tuer par hasard ou par plaisir. »

Il prit le parti de stimuler l'accusé :

- Qu'avez-vous à déclarer pour votre défense ?

Il y eut un moment de silence. Des larmes perlèrent aux yeux du prisonnier. Il avala sa salive et s'éclaircit la voix. De toute évidence, cette narration était difficile à formuler. Il commença un récit hésitant, entrecoupé de sanglots et de soupirs ; l'interprète, intrigué et curieux lui aussi, traduisait instantanément :

- C'est la conséquence de faits injustes que j'ai subis et dont, pour rien au monde, je n'aurais jamais voulu être, à la fois, le témoin et la partie prenante ! J'avais douze ans en 1936, en pleine révolution espagnole. Le comité révolutionnaire de Figueres décida dans le cadre de la lutte des classes, d'arrêter les « bourgeois » qui s'opposaient aux mesures d'appropriations des moyens de production par « le peuple. »

Il s'essuya les yeux du dos de la main. Gallinérac s'assit. Son visage exprima de la compassion envers « son » justiciable. Il l'approuvait d'un air bonhomme pour l'inviter à continuer. On aurait dit un psychanalyste curieux, attendant que son patient lui « crache le morceau. » Franck tapait la conversation à toute vitesse. Il n'était pas fâché que le prévenu, en proie à une intense émotion ponctuée de sanglots, reprenne son souffle, écrasé par l'intensité de ses réminiscences et qu'il laisse planer un lourd silence entre chacune de ses phrases.

L'accusé après s'être essuyé les yeux avec un mouchoir, reprit son souffle. Il arriva enfin à se maîtriser et sur un ton tragique et fataliste, jeta pêle-mêle ses confidences devant son parterre d'auditeurs attentifs et subjugués :

- Mes parents étaient pharmaciens... Je m'en souviens comme si c'était hier. Un soir de février 1936, nous étions en plein épisode grippal, il faisait très froid et de la neige s'accumulait chaque jour sur la chaîne des Pyrénées toute proche, on frappa très fort à la porte de la pharmacie… Il devait être un peu plus de vingt heures. Mon père venait de tirer les rideaux. Il crut à une urgence et s'empressa d'ouvrir. Cinq jeunes « gardes révolutionnaires » reconnaissables à leurs uniformes sur lesquels étaient épinglés un brassard rouge, firent irruption dans le magasin. Deux d'entre eux étaient armés. Ils signifièrent que mon père était en état d'arrestation et que sa pharmacie était désormais intégrée dans le système général de santé. Mon père se défendit. Ce n'était pas le genre d'homme à se laisser spolier si facilement ! Il avait une voix forte qui résonna dans tout l'immeuble. La pharmacie était tout ce qu'il avait. Il avait travaillé dur pour en devenir propriétaire… « Propriétaire ! » C'est justement, ce terme, cette appellation qu'on lui reprochait ! La propriété était désormais bannie de la nouvelle société. Il implora le droit et la loi… On lui répondit que, désormais la loi, c'était le comité révolutionnaire qui la faisait !

Gallinérac était féru de psychologie. Ce récit confirmait la thèse qu'il affectionnait et expliquait tout. Il généralisa : « Voilà le traumatisme initial ! Il est présent, intense, et il est à l'origine de ce comportement psychopathique qui transforme les êtres les plus doux en criminels. »

Le prévenu essaya de maîtriser son émotion. Elle s'exprimait par des tremblements et des gesticulations incoercibles… Il pleurait ! Il continua en reniflant ;

- Les cinq hommes entourèrent mon père, lui appliquèrent un pistolet sur la tempe. Ils lui passèrent des liens autour des poignets, mains dans le dos. Cette scène est restée gravée dans ma mémoire tant je la croyais impossible. Nous étions en pleine folie révolutionnaire. Elle peuplera à jamais mes cauchemars… Je vois encore la tête des cinq hommes, leurs regards avides et pervers. Parmi eux, je reconnus Antonio Da Costa, Salvatore D'Ordona et enfin Albano Alonso. C'étaient des « jeunes » du pays. Nous les connaissions très bien dans cette petite ville où tout le monde vivait et se côtoyait en bonne intelligence… du moins avant que la folie révolutionnaire ne s'abatte sur notre bourg. Les deux autres étaient originaires de Gérone, le chef-lieu de la région. C'étaient eux qui étaient armés et paraissaient être les chefs. Je n'ai jamais réussi à savoir leurs noms, ni retrouver leurs traces. Ils se sont évaporés dans la nature ! Peut-être sont-ils morts pendant la guerre civile...

Il marqua une pause. L'intensité émotionnelle était à son acmé…

- Ils emmenèrent mon père et l'enfermèrent dans les cellules du fort militaire Saint Ferran situé en haut de la ville ainsi que douze autres notables ou « bourgeois » selon leur terminologie… Parmi leurs « suspects », il y avait des directeurs d'usine de Figueres, des exploitants agricoles, des notaires, des notables connus pour leurs idées qualifiées de « droite », deux curés officiant à la cathédrale… etc. Pourquoi des curés me direz-vous ? J'ai appris plus tard qu'un certain philosophe très connu avait écrit : « La religion est l'opium du peuple. » N'importe quelle raison semblait justifier leur folie… Leur détention dura des semaines. On était sans nouvelles. Des bruits couraient dans la ville disant qu'ils étaient attachés en permanence dans des cellules glaciales et sans nourriture… On se demandait combien de temps ils resteraient emprisonnés et pourquoi… Les plus optimistes disaient qu'un tribunal révolutionnaire en provenance de Barcelone se réunirait bientôt dans les locaux du palais de justice de Figueres, qu'ils y seraient jugés, puis relâchés. C'est du moins ce que nous espérions. Cet espoir fut vain ! Au contraire, le lendemain du coup d'état du général Franco des dix-sept et dix-huit juillet 1936, donc le dix-neuf juillet, le comité révolutionnaire fut réuni en assemblée générale et décida à la majorité des deux tiers de fusiller les treize otages… en représailles. Les treize furent fusillés le surlendemain à l'aube, le vingt et un juillet exactement, dans les fossés du fort Saint Ferran et jetés dans une fosse commune. Nous l'apprîmes quelques jours plus tard par des affiches placardées sur les murs de la ville. Une dialectique révolutionnaire et menaçante justifiait ces crimes infâmes. La peur s'abattit sur la ville comme une chape de plomb. Désormais on ne se parla plus qu'à voix basse avec la crainte d'être dénoncés pour des idées non conformes avec la nouvelle idéologie révolutionnaire.

Il marqua une pause, essuya ses yeux humides et conclut :

- Je n'ai jamais pu admettre ces faits et chaque année à la date anniversaire du décès de mon père le vingt-et-un juillet, je renouvelais, en secret, mon serment de le venger un jour…

Il se tut. Les hommes présents étaient subjugués par ce drame qui dépassait l'entendement humain. Ils étaient devant des crimes d'une sauvagerie incompréhensible comparables à ceux perpétués par l'Allemagne nazie ou par les répressions staliniennes.

- Comment avez-vous su que ces trois hommes étaient domiciliés dans notre région ?

- Après la libération de la France, Antonio Da Costa a correspondu avec sa mère restée au pays pour lui annoncer son alliance maritale avec la sœur de Salvatore d'Ordona. Cette femme très pieuse par ailleurs, avait tenté de raisonner son fils, et de le retenir de participer aux mouvements révolutionnaires de 1936, bien sûr sans aucun effet ! Elle venait souvent à la pharmacie pour son renouvellement d'ordonnance. Il va sans dire que ma mère, pharmacienne elle aussi, avait été rétablie dans ses droits après la victoire de Franco. Cette cliente ne savait pas lire et c'est ma mère dans un premier temps, puis moi-même qui lui lisais ses lettres. J'avais bien soin de noter toutes les informations qui y figuraient. Quand j'en ai su assez, je me suis dit que le moment était venu de passer à l'action. Sans en parler à quiconque et surtout pas à ma mère qui aurait tout fait pour s'y opposer, j'ai patiemment rassemblé les informations, l'arme et l'argent pour assouvir ma vengeance. Enfin, prétextant l'envie de visiter la France profonde, j'ai pris le train pour me rendre dans cette belle région dont j'ai eu à peine le temps d'entrevoir les charmes.

L'accusé soupira, sembla se détendre, soulagé par cette longue confession, harassé par la fatalité qui avait gouverné sa vie depuis ce triste soir de février 1936, dès l'âge de douze ans… Il se tut. Franck cessa de taper à la machine, tendit les bras en croisant ses doigts et ses mains engourdis par l'effort. Il n'avait pas l'habitude d'écrire à la machine avec autant d'attention et aussi longtemps…

Un silence de mort plus intense encore que pendant les tragiques minutes qui ponctuent les drames, s'abattit dans le bureau de la gendarmerie. Chaque auditeur se remettait dans le contexte de l'époque pour comprendre ces faits qu'ils considéraient comme hallucinants, voire incroyables.

Gallinérac le rompit au bout d'un moment :

- Regrettez-vous vos crimes ?

- Non ! Je n'ai qu'un seul regret : ne pas être allé jusqu'au bout de la mission que je m'étais assignée, c'est-à-dire d'avoir été arrêté avant qu'elle soit arrivée à son terme, avant d'avoir tué le troisième assassin connu de mon père.

- C'est terrible ce que vous dites ! Ne pensez-vous pas que ces jeunes hommes s'étaient laissé entraîner plutôt par bêtise ou manque de discernement que par une volonté criminelle ? Qu'ils ont été les jouets de théories politiques ou philosophiques qui les dépassaient et qu'en aucun cas, ils contrôlaient ? Après les conflits et les guerres, arrive le moment de la paix et du pardon ! Depuis ce drame de 1936 vous concernant, bien des années étaient passées et beaucoup d'autres atrocités avaient été commises des deux côtés. L'heure de la réconciliation et du pardon était venue…

- Non ! J'avais juré de venger mon père… Un destin maléfique est venu frapper à la porte de la pharmacie de mes parents un soir de février 1936. Il m'a poursuivi jusqu'ici. Je suis son jouet et sa victime. J'aurai préféré une autre destinée, plus normale. C'est le sort qui a frappé l'enfant que j'étais… Il a forgé mon destin… Je suis soulagé d'avoir réussi les deux-tiers de ma mission. Ce qui est mieux que rien ! Je peux affronter la justice des hommes avec sérénité.

- Vous avez tué deux hommes avec préméditation et vous serez jugé pour ces faits à Rodez.

- Je ne suis pourtant qu'un justicier, une victime des folies révolutionnaires de 1936 en Catalogne, la proie d'un maléfique destin !

- Ce serait étonnant que le juge vous suive dans ce sens ! Pour ces deux meurtres avec préméditation vous risquez la peine capitale !

- L'important, pour moi, était de venger la mort de mon père. J'affronterai le verdict de la justice française avec courage… Qu'importe la suite ! Dieu me comprendra ! Il me pardonnera !

- Vous serez donc transféré à la prison de Rodez cette après-midi. Veuillez signer le procès-verbal de vos déclarations.

Franck retira de sa machine à écrire le rapport en triple exemplaire, le tendit à son collègue qui le relut soigneusement :

- Il ne vous reste plus qu'à signer en bas de la page ! conclut l'adjudant-chef.

L'accusé esquissa un sourire de soulagement comme s'il avait terminé une longue et difficile histoire : l'histoire personnelle de sa vie… Elle lui parut être arrivée à son terme définitif… quand – d'un geste théâtral et viril de matamore - il mit un point final après son majestueux paraphe…

Il se redressa très fier, la tête haute, affrontant, droit dans les yeux, chacun des protagonistes de son interrogatoire. Il tendit les poignets à Gallinérac en signe de soumission et d'acceptation de sa nouvelle destinée.

Celui-ci lui remit les menottes avec précaution et douceur. Ainsi, le criminel qui n'avait pas hésité à tirer une balle dans sa direction avec son pistolet, était aussi une victime…

Victime de la folie révolutionnaire ou guerrière des hommes, comme celle qu'avait connue aussi la France, il n'y avait pas si longtemps…

Cette pensée le laissa perplexe et silencieux…

On reconduisit le prisonnier dans sa cellule. Galllinérac s'épongea le front. C'était fini ! Encore une « affaire » qu'il avait menée comme il faut, selon la loi, et qui se terminait bien… c'est-à-dire par l'arrestation du coupable. Il pouvait être fier. Il jeta un coup d'œil à sa montre… Presque midi…

Il sortit de son bureau et demanda au gendarme à l'accueil :

- Où sont les hommes du fourgon cellulaire ?
- Partis manger un morceau à l'Hôtel des voyageurs ! fut la réponse attendue.

Cette histoire l'avait bouleversé. Il était plein de compréhension pour ce jeune homme – vingt-deux ans - marqué par une fatalité hors norme. Il monta dans son appartement à la recherche d'un réconfort.

Une bonne odeur de cuisine taquina ses narines :

- Um ! fit-il. Qu'est-ce qui mijote dans ce faitout ?

Il souleva le couvercle et reconnut une daube baignant dans son jus…

- Très bien ! Et avec ça ?

- J'ai préparé un aligot !

- J'espère que tu en as préparé assez ! J'ai un prisonnier en bas qui n'a pas mangé depuis trois jours !

- Depuis quand les assassins mangent-ils aussi bien que les geôliers ?
- Ne t'inquiète pas, nous serons indemnisés par l'administration !
- Ce n'est pas la question !

Gallinérac prépara un plateau avec une assiette de daube et une bonne portion d'aligot. Il ajouta un bon verre de vin et une carafe d'eau.

- Eh bien ! Il est bien traité cet assassin ! Il va regretter son transfert !

Gallinérac descendit le plateau. Il dit au planton :

- C'est la « bouffe » du prisonnier. Prends les clés de la cellule !

Celui-ci ne put s'empêcher d'observer :

- Qu'est-ce que c'est ? ça sent bon !

Le planton déverrouilla la cellule. Le prisonnier, assis, sur la couchette, en proie à d'intenses cogitations, leva les yeux… étonné par l'abondance et par la qualité de son repas ! Il remercia ses geôliers :

- Muchas gracias ! répéta-t-il plusieurs fois…

Il avait très faim et dévora son repas sans attendre…

Gallinérac remonta chez lui, savoura tranquillement son repas et s'accorda un moment de repos… Il s'endormit dans son fauteuil. Il fut réveillé par le bruit du moteur du fourgon cellulaire. Franck frappait déjà à la porte :

- Chef ! Tout le monde est prêt. Il ne manque plus que vous !

En effet, le règlement exigeait qu'il fût le témoin du départ du prisonnier. On alla le chercher dans sa geôle. Les cinq gendarmes en uniforme l'entouraient afin de ne rien perdre de l'évènement exceptionnel… pour cette petite brigade. Les femmes de gendarme avaient cessé leurs ouvrages et s'étaient mises à leurs fenêtres, grandes ouvertes.

Le prisonnier reposé et requinqué marchait la tête haute. Il salua Gallinérac d'un signe de tête sympathique qui semblait vouloir dire :

- Vous avez effectué votre travail comme vous le deviez… Je ne vous en veux pas !

Gallinérac le salua en mettant sa main à son képi. Sur son visage sévère s'afficha la compassion pour un homme marqué par un destin implacable.

Quand le fourgon cellulaire s'éloigna sur la route de Rodez, il le suivit longtemps des yeux avec un petit pincement au cœur. Des larmes de pitié et d'attendrissement mouillèrent ses yeux… Il les essuya d'un revers rapide de la main, étonné lui-même de l'élan de son cœur envers cet assassin...

. EPILOGUE

Le prisonnier bénéficia de circonstances atténuantes et ne fut condamné qu'à vingt ans de prison. Il fut libéré au bout de quinze ans pour bonne conduite et regagna son pays : Figueres en Catalogne.

Il reprit son métier de préparateur en pharmacie et travailla longtemps dans la pharmacie de sa mère, puis du successeur de sa mère.

Si vous allez visiter le musée « Salvatore Dali » à Figueres, vous rencontrez sûrement dans les rues de la ville, un vieillard aux cheveux blancs, au dos voûté qui en s'appuyant lourdement sur sa canne pour déambuler, parait traîner dans son cœur, sur ses traits et sur son dos, le poids de sa peine immense, de ses remords éternels, de ses terribles souvenirs…

Du même auteur sur Amazon livres :

1/ L'ILLUSION D'UN REVE (Roman)
2/ CONFIDENCES ET CONFESSIONS D'UNE FEMME. (Roman)
3/ MON MOIS DE MAI 68. (Roman)
4/ CRIME SANS CHATIMENT. (Roman)
5/ LES ETRANGES CRIMES DU PLATEAU DE LA VIADENE. (Roman)
6/ PRISONNIER (Roman)
7/ LA DROLE DE VIE D'ANDRE RIGAL, DIT « DEDE. » (Roman)
8/ LA VIE CACHEE DE « Dédé. » (Roman)
9/ L'APPRENTISSAGE DE STEVE (Roman)
10/ L'ALLEMAND QUI AURAIT VOULU ETRE FRANÇAIS (Roman)
11/ UNE HISTOIRE D'AMOUR ET D'AMITIE. SOUVENIRS D'ALGERIE. (Roman)
12/ LE MYSTERE DU TABLEAU DE LA FEMME ET L'ENFANT. MON PERE ET LE DEUXIEME D.B.
13/ LE TREIZIEME ROMAN N'EST PAS AUTOBIOGRAPHIQUE

COMMENT RESTER EN BONNE SANTE (Précis de médecine préventive)

Retrouvez les poèmes et chansons de l'auteur sur les plateformes musicales : YOUTUBE, AMAZON MUSIC, APPLE MUSIC, SPOTIFY, DEEZER etc.

Printed by Amazon Italia Logistica S.r.l.
Torrazza Piemonte (TO), Italy

74259138R00117